Schlag den Duden!

Reinhard Pietsch

Schlag den Duden!

Das ultimative Sprach-Quiz

Dudenverlag

Berlin

Schlag den Duden!

Der Duden gilt als Autorität in allen Fragen der deutschen Sprache. Nehmen Sie es mit ihm auf? Sind Sie ebenfalls eine echte Sprachexpertin oder ein echter Sprachexperte? Stellen Sie Ihr Wissen auf die Probe – in 12 Spielen, die sich verschiedenen Bereichen der deutschen Sprache widmen. Finden Sie heraus, wie treffsicher Sie in Sachen Rechtschreibung, Zeichensetzung und Stil sind. Ordnen Sie Bildern die richtigen Bezeichnungen zu und lösen Sie knifflige grammatische Probleme. Fremdwörter sollten Ihnen nicht fremd sein, doch beherrschen Sie auch deren Aussprache? Wissen Sie, woher unsere Wörter kommen, haben Sie ein Gespür für Synonyme und ihre feinen Unterschiede? Kennen Sie die Bedeutungen von nicht alltäglichen Wörtern? Wie gut ist schließlich Ihre Kenntnis von Redewendungen und Zitaten?

Arbeiten Sie sich von vorne nach hinten durch alle Fragen durch oder picken Sie sich Ihre Lieblingsthemen heraus.

Jeder möglichen Antwort ist ein Buchstabe zugeordnet. Die richtigen Antworten zu jeweils 6 (oder 9) Fragen ergeben ein Lösungswort. Es könnte Sie auf die richtige Spur bringen, sollten Sie bei einer Frage unsicher sein. Die Lösungen mit ausführlichen Erläuterungen finden Sie im Anhang ab Seite 141.

Viel Spaß beim Raten!

Mit freundlicher Unterstützung der BRAINPOOL Artist und Content Services GmbH im Auftrag der Raab TV-Produktion GmbH.

Spiel 1
Rechtschreibung

Der Wettkampf beginnt: Als Erstes müssen Sie sich in der Disziplin »Rechtschreibung« behaupten. Finden Sie sich im Gestrüpp von Punkten und Kommas, Binde- und Gedankenstrichen, Zusammen- und Getrennt-, Groß- und Kleinschreibung zurecht? Sind Sie firm im Regelwerk oder vertrauen Sie auf Ihr Sprachgefühl? Wenn Sie weder der Delfin noch das Känguru schockieren können, wenn Sie das »ß« noch nicht für ein Fossil halten und Ihnen Anglizismen keine Angst machen – dann haben Sie gute Chancen, in dieser Runde eine gute Figur zu machen.

 Die Lösungswörter stammen alle aus der Tierwelt.

LOOOS!

1 Rechtschreibung

1 **Dieses Wort in Verbindung mit »aufs« wird häufig falsch geschrieben. Welche Schreibweise ist korrekt?**

1 Geradewohl   **B**
2 Geratewohl   **M**
3 Gratewohl   **P**

2 **Sie haben ein tolles Programm entwickelt und wollen es der Softwarefirma XY verkaufen. In welchem der drei Sätze wird diese Absicht unmissverständlich ausgedrückt?**

1 Hoffentlich gelingt es, Firma XY das Programm zu verkaufen.   **A**
2 Hoffentlich gelingt es Firma XY das Programm zu verkaufen.   **X**
3 Hoffentlich gelingt es Firma XY, das Programm zu verkaufen.   **C**

3 **In einem der Sätze findet sich ein Rechtschreibfehler. In welchem?**

1 Er wurde beim Falschspielen erwischt.   **F**
2 Sie hat die Melodie falschgespielt.   **R**
3 Beim Pokern hat er wieder falschgespielt.   **U**

Gerne bringen wir »wider« und »wieder« durcheinander. In den folgenden Wortgruppen hat sich an einer einzigen Stelle ein Fehler eingeschlichen. Nur wo?

4

1 Wiederholung, Widerstand, Widerling   **B**
2 Wiederkäuer, Wiedergabe, Widerrede   **M**
3 Widerspiegelung, Wiederpart, Wiederholung   **D**

Wie schreibt man das Wort mit der Bedeutung »sorgfältig, ordentlich, genau« richtig?

5

1 akkurat   **E**
2 akuratt   **P**
3 akurat   **D**

Bei der Verwendung von »ss« und »ß« werden oft Fehler gemacht. »Strasse« und »Fussball« sind nur in der Schweiz und in Liechtenstein erlaubt – überall sonst heißt es »Straße« und »Fußball«. Welche Variante des folgenden Worts ist richtig geschrieben?

6

1 Reissverschluss
2 Reißverschluß
3 Reißverschluss

1   2   3   4   5   6

7 Welche Schreibung des Kurzworts für elektronischen Nachrichtenaustausch ist richtig?

1 eMail **P**
2 E-Mail **D**
3 Email **Z**

8 In einem der Sätze sind die Zahlwörter falsch geschrieben. Wissen Sie welches oder welche?

1 Alle vier waren jünger als zwanzig. **C**
2 Wenn Zwei sich streiten, freut sich der dritte. **E**
3 Sie wurde Erste im Weitsprung und Zweite im Sprint. **O**

9 Es gibt Gründe, Texte unvollständig wiederzugeben, Lücken zu markieren, die Unnötiges enthalten oder die jeder Leser problemlos für sich ergänzen könnte. Dafür gibt es typografische Regeln. Eines der Beispiele folgt diesen allerdings nicht. Welches?

1 So eine Sch...! **E**
2 Der Horcher an der Wand... **L**
3 Die Forschungen auf dem Gebiet der Gentechnologie [...] haben zu politischen Kontroversen geführt. **N**

In einer der drei Wortgruppen ist ein Wort falsch geschrieben. Finden Sie es?

1 piesacken, picken, piksen
2 piepsen, piken, piksen
3 piercen, pipen, picheln

Der Apostroph zeigt gewöhnlich an, dass in einem Wort Buchstaben ausgelassen wurden (»So 'n Blödsinn!«); in einigen Fällen kann es auch den Genitiv markieren. Eines der Beispiele ist allerdings nicht regelkonform. Welches?

1 Hans Sachs' Gedichte
2 Brecht's Gedichte
3 Andrea's Gedichte

Nur eine der Schreibweisen ist richtig. Welche?

1 die 68iger Generation
2 die 68er Generation
3 die 68er-Generation

| 7 | 8 | 9 | 10 | 11 | 12 |

13

Der Duden empfiehlt bei zusammengesetzten Wörtern meist die Zusammenschreibung. Ein Bindestrich kann aber zur Hervorhebung einzelner Bestandteile eines Wortes gesetzt werden. In welchem der Beispiele ist der Bindestrich richtig gesetzt?

1 Flüssigwasserstoff-Tank **D**
2 Flüssigwasser-Stofftank **P**
3 Flüssig-Wasserstofftank **G**

14

Bindestriche bei Zusammensetzungen mit Ziffern sind heikel. Welches Beispiel ist falsch?

1 400m-Lauf **A**
2 2 : 3-Niederlage **S**
3 17-jährig **N**

15

Noch einmal zur Getrennt- und Zusammenschreibung: Welche der unten genannten Formen ist nicht korrekt?

1 zugrundeliegen **C**
2 zu Grunde liegen **T**
3 zugrunde liegen **M**

Prüfen Sie die Groß- und Kleinschreibung in folgenden Beispielen. Eines davon folgt nicht den Regeln. Welches?

1 Mir wurde Angst. **K**
2 Er hat mir Angst gemacht. **B**
3 Ich habe Angst. **W**

In einem der folgenden Sätze kann man die Kommas getrost weglassen. In welchem? **17**

1 Sie liest viele Bücher, vor allem Romane, und diskutiert auch gern darüber. **T**
2 Deine Mutter, die habe ich gut gekannt. **M**
3 Nach einer langen Reise, mit Zug und Bus, kamen wir endlich am Nordkap an. **E**

Der Vermieter ist verwirrt. Wie viele Personen beziehen nun seine Wohnung? Laut Vertrag sollen es nur zwei sein. In welchem Satz wird das ausgedrückt? **18**

1 Hannes, mein Bruder und Eva beziehen eine neue Wohnung. **D**
2 Hannes, mein Bruder, und Eva beziehen eine neue Wohnung. **L**
3 Hannes mein Bruder und Eva beziehen eine neue Wohnung. **C**

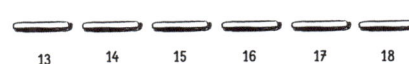

13   14   15   16   17   18

19

Wir sehen sie auf vielen Mauern und Hauswänden in unseren Städten, mal mehr oder weniger künstlerisch ambitioniert. Das ursprünglich italienische Wort ist inzwischen eingedeutscht. Zwei Pluralformen sind möglich. Welche ist falsch?

1 Grafitti   **E**
2 Graffitis   **P**
3 Graffiti   **A**

20

Welche der Schreibungen des Dichternamens mit der Adjektivableitung -sch ist nicht korrekt?

1 eine Herdersche Betrachtungsweise   **L**
2 eine Herder'sche Betrachtungsweise   **O**
3 eine herdersche Betrachtungsweise   **F**

21

Wie sagt man fachsprachlich, wenn Hirsche und Rehe weiden?

1 asen   **D**
2 aasen   **A**
3 äsen   **S**

Eine der vorgeschlagenen Formulierungen ist nicht regel-konform. Welche?

22

1 der sich im Kasten befindliche Schmuck　　　　　**T**
2 der sich im Kasten befindende Schmuck　　　　　**A**
3 der im Kasten befindliche Schmuck　　　　　　　**S**

Manche Manager verdienen viel Geld, aber einer toppt sie alle. Dieser Glückspilz ist …

23

1 der best bezahlte Manager　　　　　**I**
2 der bestbezahlteste Manager　　　　　**W**
3 der bestbezahlte Manager　　　　　　**E**

»Das« und »dass« werden häufig verwechselt. In welchem Satz wird die falsche Schreibung verwendet?

24

1 Das Argument, das Hans es nicht verstanden hat, …　　**R**
2 Das Argument, das Hans nicht verstanden hat, …　　　**E**
3 Das Argument, dass Hans nicht verstanden hat, …　　　**U**

LÖSUNGSWORT

　19　　20　　21　　22　　23　　24

25 **Die Groß- und Kleinschreibung macht im Deutschen immer wieder Probleme. In einem der Beispiele versteckt sich ein falsch geschriebenes Adjektiv. Wissen Sie, welches es ist?**

1 Unser Land ist Teil der Europäischen Union.
2 Die Geldpolitik wird beeinflusst von der europäischen Zentralbank.
3 Die europäischen Institutionen übernehmen viele Gemeinschaftsaufgaben.

26 **Und es geht weiter mit Ableitungen aus geografischen Namen und der Groß- und Kleinschreibung. Ein Ausdruck ist hier falsch. Welcher?**

1 das Berlinische
2 der berliner Dialekt
3 der Berliner Bär

27 **Manchmal treffen »nur« und »wenn« aufeinander. Da heißt es bei der Kommasetzung aufpassen. Bei einem der unten genannten Beispiele ging die Begegnung leider daneben. Bei welchem?**

1 Ich bleibe nur, wenn du mich darum bittest.
2 Ich komme morgen, das heißt, nur wenn es nicht regnet.
3 Zufrieden ist der Hund, nur wenn er gefressen hat.

Alle drei Wörter gibt es, doch nur eines davon hat etwas mit Essen zu tun. Welches?

1 Fonds   **B**

2 Fond   **S**

3 Font   **T**

Sie sollen Obst einkaufen und Ihnen wird eingeschärft, worauf Sie zu achten haben. Doch nur in einem der Sätze sind die Kommas richtig gesetzt. In welchem? 29

1 Sie sollen sowohl Äpfel als auch Birnen einkaufen, aber nur welche aus Österreich oder Deutschland.   **E**

2 Sie sollen sowohl Äpfel, als auch Birnen einkaufen, aber nur welche aus Österreich oder Deutschland.   **H**

3 Sie sollen sowohl Äpfel als auch Birnen einkaufen aber nur welche aus Österreich oder Deutschland.   **L**

Alle drei Wörter gibt es, doch welches bezeichnet ein Rednerpult, besonders das eines Lehrers oder Professors?

1 Katheter   **O**

2 Katheder   **L**

3 Kathete   **S**

31 Ständig begegnen uns Abkürzungen aus allen möglichen Bereichen. Wissen Sie, was sich hinter dem Akronym LED verbirgt?

1 low energy device   **C**
2 last exit Dublin   **T**
3 light emitting diode   **P**

32 Wie viele Fehler finden sich in folgendem Satz: »Kleinere Reperaturen machen wir sofort, grössere dauern ein Tag.«?

1 2   **W**
2 5   **R**
3 3   **A**

33 Bei manchen Gerichten gibt es in der Schreibung kleine regionale Unterschiede zwischen Deutschland, Österreich und der Schweiz. Doch eine der genannten Formen gibt es im ganzen deutschsprachigen Raum nicht. Welche?

1 Schweinsbraten   **H**
2 Schweinbraten   **V**
3 Schweinebraten   **N**

Es ist an der Zeit, noch einmal einen Blick auf die Kommasetzung bei Infinitivgruppen zu werfen. Muss in diesem Satz nach »Zeit« ein Komma stehen?

34

1 Ja, ein Komma muss gesetzt werden. I

2 Nein, das Komma ist überflüssig. A

3 Das Komma kann, muss aber nicht gesetzt werden. M

Wenn Ihre Haarpracht aus der Form geraten ist, brauchen Sie womöglich professionelle Hilfe. Falls es eine Frau ist, die sich Ihrer annimmt, dann sind für sie alle genannten Bezeichnungen möglich. Eine tanzt allerdings ein wenig aus der Reihe. Welche und warum?

35

1 Frisörin Z

2 Friseurin P

3 Friseuse A

Manche Menschen zieren sich oder machen Umstände bei für andere unverständlichen Anlässen. Sie machen ..., ja was wohl? Diese Lücke füllt leider nur einer der unten genannten Ausdrücke korrekt. Welcher?

36

1 Sperenzien

2 Spirenzchen

3 Spirenzien

31 32 33 34 35 36

37

Ein unerreichbarer Aufschlagball im Tennis und eine Karte im Kartenspiel tragen den gleichen Namen. Kennen Sie die korrekte Schreibweise?

1 Ass   S

2 Aß E

3 Aas F

38

Wir leisten einen kleinen Beitrag zu irgendeiner Sache, geben eine kleine Geldspende. Wie schreibt sich das Wort richtig?

1 Obolos A

2 Obolus P

3 Obulus I

39

In unseren Autopapieren hat kW für »Kilowatt« zwar die alten PS für »Pferdestärken« abgelöst, doch am Ende von E-Mails oder Briefen kommen P plus S als Abkürzung für Postskriptum immer noch gerne zum Einsatz. Nur, wie werden sie korrekt geschrieben?

1 P.S. D

2 PS. X

3 PS E

Bei Worttrennungen ist man heute relativ flexibel. Eine Trennung ist aber tatsächlich falsch. Welche?

40

1 Kilimand-scharo   **R**
2 Bi-stum   **C**
3 Katast-rophe   **A**

Es gibt ein Wort, das sowohl Rückstrahlung von Licht, Schall oder Wärme als auch die Vertiefung in einen Gedankengang bezeichnet. Wissen Sie, wie es richtig geschrieben wird?

41

1 Reflektion   **K**
2 Reflexion   **H**
3 Refleksion   **V**

Mit Amtsbezeichnungen ist das so eine Sache. Wenn man nach dem aktuellen Berliner Stadtoberhaupt fragen will, dann stimmt hier einer der drei Sätze nicht. Welcher?

42

1 Wie heißt der Regierende Bürgermeister von Berlin?   **B**
2 Wie heißt der regierende Bürgermeister von Berlin?   **T**
3 Wie heißt der zurzeit regierende Bürgermeister von Berlin?   **W**

   37   38   39   40   41   42

43 Wir alle legen Wert auf einen guten Ruf und sollten deshalb darauf achten, dass das Fremdwort dafür richtig geschrieben wird. Ihre Wahl?

1 Renommee
2 Renomme
3 Rennomme

44 Was haben Thunfische und Panther gemeinsam?

1 Beide muss man mit »h« schreiben.
2 Beide kann man mit und ohne »h« schreiben.
3 Beide schreibt man eigentlich ohne »h«.

45 Der einzeln verwendete Strich kennzeichnet häufig eine deutliche Pause zwischen zwei Wörtern oder kündigt etwas Weiterführendes, Folgendes oder auch Unerwartetes an. Für seine Verwendung gibt es auch typografische Regeln. In welchem der Sätze werden sie beachtet?

1 Er glaubte sich in Sicherheit - welch ein verhängnisvoller Irrtum.
2 Er glaubte sich in Sicherheit– welch ein verhängnisvoller Irrtum.
3 Er glaubte sich in Sicherheit – welch ein verhängnisvoller Irrtum.

**Manche fremdsprachlichen Wörter wurden nahezu unver-
ändert ins Deutsche übernommen. Bei Fügungen aus zwei
Wörtern erkennt man die vollständige Einbürgerung daran,
dass sie zusammengeschrieben werden (manchmal auch
mit Bindestrich). Es gibt allerdings Ausnahmen, bei denen
an der Getrenntschreibung festgehalten wird. Welches der
drei Wörter wird getrennt geschrieben?**

46

1 Highfidelity   **S**
2 Economyclass   **E**
3 Count-down   **I**

Manchmal ist die deutsche Rechtschreibung zum ...

47

1 ... aus-der-Haut-fahren.   **G**
2 ... Aus-der-Haut-fahren.   **W**
3 ... Aus-der-Haut-Fahren.   **C**

**Es sind zuweilen Feinheiten, die den Unterschied ausmachen.
Nur ein Satz unten genügt den amtlichen Regeln. Welcher ist
es?**

48

1 »Wir fahren sofort nach Hause!« mahnte er.   **P**
2 »Wir fahren sofort nach Hause!«, mahnte er.   **H**
3 Wir fahren sofort nach Hause!, mahnte er.   **A**

LÖSUNGSWORT

43   44   45   46   47   48

49

Wörter mit Aku- oder Akku- werden gerne miteinander verwechselt. Nur ein Wort ist hier richtig geschrieben. Welches?

1 Akupunktur
2 Akumulator
3 Akkustik

50

Mit den Geburten ist es so eine Sache. Da ist frau froh, dass die Schwangerschaft zu Ende ist, und in der Klinik will sie sowieso nicht allzu lange bleiben. Die »d« und »t« sind hier etwas durcheinandergeraten. Nur in einem Satz ist alles richtig. In welchem?

1 Nachdem sie endlich endbunden hatte, konnte sie bald entgültig entlassen werden.
2 Nachdem sie endlich entbunden hatte, konnte sie bald entgültig entlassen werden.
3 Nachdem sie endlich entbunden hatte, konnte sie bald endgültig entlassen werden.

51

In den Wortreihen unten hat ein Kuckuck ein falsch geschriebenes Wort platziert. Welches Wort in welcher Reihe ist es?

1 exzellent, exklusiv, exzentrisch
2 exekutiv, existentiell, exogen
3 extensiv, extatisch, extrem

Normalerweise wird ein Konsonant nach einem kurzen, betonten Vokal verdoppelt, wenn kein weiterer Konsonant folgt. Doch bei Fremdwörtern wird diese Regel gern ausgehebelt. Nur einer der Sätze enthält keine Rechtschreibfehler. Wissen Sie welcher?

52

1 Der Kommissar leitete das Kommitee. **T**
2 Der Komissar leitete das Komittee. **A**
3 Der Kommissar leitete das Komitee. **H**

Die meisten Opern werden durch ein Instrumentalstück eröffnet. Diese Einleitung hat einen speziellen Namen, der hier nur einmal richtig geschrieben wurde. Welche Variante stimmt?

53

1 Ouverture **W**
2 Ouvertüre **I**
3 Overtüre **C**

Heute ist es weitgehend üblich zu gendern, also die Gleichstellung von Mann und Frau sprachlich zu berücksichtigen. Manche Gender-Varianten sind vom amtlichen Regelwerk (noch?) nicht zugelassen, aber inzwischen sehr geläufig. Die unten aufgeführten Varianten sind laut amtlichem Regelwerk nicht zugelassen, aber nur eine ist wirklich falsch. Welche?

54

1 Bischof/-in **R**
2 Patient*in **L**
3 AssistertIn **O**

55

Sie liefern uns Orientierung dank GPS, beobachten unser Wetter, senden uns Fernsehbilder oder bilden die Tiefen des Weltraums ab. Wie schreibt man das Wort richtig?

1 Satelliten   **S**

2 Sattelitten   **A**

3 Satteliten   **P**

56

Wörter übernehmen zusammen- oder getrennt geschrieben oft unterschiedliche Funktionen in einem Satz. In einem der Fälle ist das unten nicht berücksichtigt. In welchem?

1 So viel ich weiß, geht er nach Japan.   **C**

2 Er geht nach Japan, soviel mir bekannt ist.   **U**

3 Er geht nach Japan, so viel ist mir bekannt.   **G**

57

Heute sind wir es gewohnt, das Bildmaterial bei Präsentationen mit einem Beamer an die Leinwand zu werfen. Wie heißt das Verb dazu?

1 projezieren   **I**

2 projizieren   **H**

3 projektieren   **W**

LÖSUNGSWORT

| 49 | 50 | 51 | 52 | 53 | 54 | 55 | 56 | 57 |

Spiel 2
Stil

Das Spiel geht in die zweite Runde. Jetzt geht es um gutes und stilsicheres Formulieren. Was kann man sagen und was nicht? Bekommt man Pfand *auf* Dosen oder *für* Dosen? Welcher Kasus folgt auf »je« oder »dank«? Und ist das Medikament nun *für* oder *gegen* Husten? Wie treffsicher sind Sie, wenn es um feste Wortverbindungen und Redewendungen geht? Sprachgefühl und Intuition sind in diesem Spiel besonders gefragt. Zeigen Sie, was Sie draufhaben.

Die Lösungswörter stammen alle aus dem Geschäftsleben.

DU SCHAFFST ES!

2 Stil

1

Manche Wortkombinationen sind einfach nicht üblich. Welche der Verbformen passt nicht zu dem Wort »Entscheidung« in dem Satz: Sie hat eine Entscheidung ...?

1 ... getroffen. **S**
2 ... gemacht. **C**
3 ... gefällt. **M**

2

Um unangenehmen Situationen aus dem Weg zu gehen, sind wir um Ausreden nicht verlegen. Doch manchmal klappt das nicht so recht, unsere Ausflüchte werden nicht akzeptiert. In einem Fall ist die Begründung allerdings etwas schief geraten. In welchem?

1 Komm mir nicht mit minderwertigen Ausreden! **H**
2 Das ist eine lächerliche Ausrede! **E**
3 Diese Ausrede verfängt nicht. **K**

3

Irgendwie sagen diese drei Sätze dasselbe aus. Doch nur einer ist stilistisch gut. Welcher?

1 Er beschränkte sich lediglich auf die wesentlichen Punkte. **O**
2 Er beschränkte sich nur auf die wesentlichen Punkte. **A**
3 Er beschränkte sich auf die wesentlichen Punkte. **E**

Welcher Satz ist stilistisch (und grammatisch) korrekt? 4

1 Er wird für den Mord beschuldigt. G
2 Er wird des Mordes beschuldigt. F
3 Er wird dem Mord beschuldigt. A

»Besitz« kann mit der Präposition »in« oder »im« verbunden werden. In welcher Konstruktion wurde die falsche Präposition gewählt? 5

1 Die Immobilien sind nun in Besitz eines Konsortiums. Die Alpha-Gruppe hat den Zuschlag bekommen. R
2 Die Alpha-Gruppe hat den Zuschlag bekommen. Die Immobilien sind nun im Besitz des Konsortiums. E
3 Die Alpha-Gruppe hat den Zuschlag bekommen. Die Immobilien sind nun in Besitz des Konsortiums. I

Schneller, weiter, höher – welcher Satz ist nicht korrekt? 6

1 Die Rednerin wird von einem höheren Podest aus sprechen. V
2 Die Werbung sorgte für deutlich erhöhten Kaufanreiz. L
3 Der Kranke hat erhöhteren Puls. N

1   2   3   4   5   6

7   **Reflexive Verben haben ihre Tücken. Einer der Sätze ist nicht korrekt. Welcher?**

1 Sie bezeichnet sich als die Retterin der Kinder.
2 Sie bezeichnet sich für besonders verantwortungsvoll.
3 Sie bezeichnet sich als nicht zuständig.

8   **Manche Wörter unterscheiden sich nur durch einen Buchstaben, und doch trennen sie Welten. Deshalb werden sie leicht verwechselt. In einem Beispiel ist das dann auch geschehen. In welchem?**

1 Er führte einen verbitterten Kampf gegen seine Gegner.
2 Sie leisteten erbitterten Widerstand.
3 Kummer und Sorgen hatten sie verbittert.

9   **Nach einem Unglück versuchen wir oft, das Ausmaß des Schadens einzuschätzen. Sind Sie mit allen drei Formulierungen einverstanden? Eine ist nicht okay.**

1 Man bezifferte den Schaden auf 30 000 Euro.
2 Die Verluste bezifferten sich auf eine sehr hohe Summe.
3 Die Verluste bezifferten sich auf zwei Millionen Euro.

In der Bedeutung von »seelisch treffen, widerfahren« wird »betreffen« heute nur noch in Formen mit dem Partizip II verwendet. Doch manche Verwendungen sind ausgeschlossen. Welcher Satz funktioniert nicht?

10

1 Der Spott machte ihn sehr betroffen. **J**
2 Der Ort wurde von einem schweren Hochwasser betroffen. **O**
3 Das den Ort betroffene Hochwasser verursachte Schäden in Millionenhöhe. **E**

Was gehört sich oder gehört zu wem und wohin? Die Verwirrung ist groß. Einer der Sätze ist grammatisch falsch Welcher?

11

1 Er folgte ihr in gehörigem Abstand. **D**
2 Die zu dieser Gruppe gehörige Insel bietet alles für einen schönen Urlaub. **I**
3 Er hat ihr gehörig die Meinung gesagt. **P**

»Erst denken, dann handeln«, sagt das Sprichwort. Wer es nicht befolgt, handelt voreilig. In welchem der drei Sätze ist das sprachlich korrekt ausgedrückt?

12

1 Er handelte insofern unklug, weil er zu voreilig war. **S**
2 Er handelte insofern unklug, dass er zu voreilig war. **H**
3 Er handelte insofern unklug, als er zu voreilig war. **T**

| 7 | 8 | 9 | 10 | 11 | 12 |

13 Cremes, Tabletten, Säfte und Tinkturen versprechen Hilfe bei allen möglichen Problemen. Einer der Sätze ist standardsprachlich nicht korrekt. Welcher?

Wer Husten hat, kauft sich ...

1 ... ein Mittel gegen Husten
2 ... ein Mittel für Husten.
3 ... ein Mittel gegen den Husten.

 W
 S
 A

---

14 Wo man singt, da lass dich ruhig nieder. Wenn ich dieser Aufforderung nachgekommen bin, habe ich mich niedergelassen. Dieses Partizip II kann man auch als Attribut verwenden, aber nur sehr eingeschränkt. Welche Formulierung ist als einzige korrekt?

1 die auf dem Sofa niedergelassenen Gäste
2 die in Köln niedergelassenen Hebammen
3 die in Augsburg niedergelassene Firma

 U
 T
 G

---

15 Richtungsangaben wie »nördlich, östlich, südlich, westlich« können auch als Präpositionen fungieren. Doch eine der genannten Kombinationen ist nicht korrekt. Welche?

1 nördlich des Erzgebirges
2 nördlich von Leipzig
3 nördlich Berlin

 C
 M
E

Manchmal ist etwas dringender als alles andere und muss mit Hochdruck angegangen werden. Da bleibt in der Eile die Grammatik schon mal auf der Strecke. Erkennen Sie, in welchem Satz das der Fall ist?

1 Die Aufgabe muss sogleich erledigt werden.

2 Die Vorgesetzte hat die sogleiche Erledigung der Aufgabe angeordnet.

3 Ich widme mich der sogleich zu erledigenden Aufgabe.

Präpositionen fordern unser Sprachgefühl immer besonders heraus. Wie souverän gehen Sie mit »statt« in der Bedeutung von »anstelle« um? Einer der Sätze ist grammatisch nicht korrekt. Welcher?

1 Statt seines Freundes kam sein Bruder.

2 Er verkauft statt Hüten nun Dessous.

3 Statt Mutters klugen Planes verfolgte er eigene Ideen.

Die Sprache ist immer im Wandel und manche umgangssprachliche Wendung wird im Laufe der Zeit zum Standard. Noch ist aber nur eines der drei Beispiele standardsprachlich korrekt. Welches?

1 Es verhält sich gerade umgekehrt, als du denkst.

2 Es verhält sich gerade umgekehrt, als wie du denkst.

3 Es verhält sich gerade umgekehrt, wie du denkst.

13   14   15   16   17   18

19

»Schwierigkeiten« und »Probleme« können vieles gemeinsam haben: sie können unlösbar, unnötig, finanzielle sein, sie können sich sogar häufen. Doch in manchen Fällen trennen sich die Wege dieser beiden Wörter. Nur in einem der folgenden Sätze ist ein Austausch möglich. In welchem?

1 Ich hoffe, dass Sie damit keine Probleme bekommen.

2 Das bereitet mir Probleme.

3 Der zunehmende Straßenverkehr wird allmählich zum Problem. **A**

20

Wenn Sie sich im Restaurant schon beschweren müssen, dann bitte wenigstens stilistisch korrekt. Was passt in die Lücke? »Das Schnitzel konnten wir nicht essen, es war zäh wie ...«

1 ... Gummi. **F**

2 ... Leder. **E**

3 ... Quark. **L**

21

»Wir wünschen Ihnen einen angenehmen Aufenthalt in Salzburg sowie eine gute Weiterfahrt.« Was halten Sie von diesem Satz?

1 Der ist völlig in Ordnung. **P**

2 Das »sowie« stört mich. Ich würde es durch »und« ersetzen. **V**

3 Das »sowie« stört mich. Ich würde es durch »oder« ersetzen. **R**

Eine Privatschule prüft einen neuen Werbeslogan. Von einem der unten genannten Vorschläge würde man jedoch abraten. Von welchem?

1 Wir kümmern uns um dich bis zum Abitur.
2 Wir sorgen uns um dich bis zum Abitur.
3 Wir begleiten dich bis zum Abitur.

Ob in den Zeitungen, beim Schlussverkauf oder bei Wahlen – Prozentangaben sind allgegenwärtig. Was sich auf die magische Zahl 100 beziehen lässt, wird für uns vergleichbar. Einer der Sätze ist allerdings nicht korrekt. Welcher?

23

1 63 Prozente sind eine solide Mehrheit.
2 63 Prozent sind eine solide Mehrheit.
3 63 Prozent ist eine solide Mehrheit.

Herr M. wurde leider erwischt – die Kündigung folgte prompt. Der Vorwurf lastet schwer. In einem Fall folgt die Formulierung allerdings nicht den Regeln. In welchem?

1 Er wurde bezichtigt, Firmengeheimnisse verraten zu haben.
2 Er wurde des Verrats von Firmengeheimnissen bezichtigt.
3 Er wurde für den Verrat von Firmengeheimnissen bezichtigt.

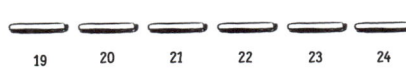

19 20 21 22 23 24

25 Wie ist das mit extrem schwierigen Aufgaben.
Sind sie …

1 … unlöslich? **C**
2 … unlösbar? **P**
3 … nicht löslich? **G**

26 Verben bestimmen, in welchem Kasus (Fall) ein zugehöriges
Objekt stehen muss, das mit ihnen verbunden ist. Nur einer
der Sätze gilt heute als standardsprachlich korrekt. Welcher?

1 Wir bedürfen das schriftliche Einverständnis. **T**
2 Wir bedürfen dem schriftlichen Einverständnis. **E**
3 Wir bedürfen des schriftlichen Einverständnisses. **R**

27 Datenschutz ist heute wichtiger denn je. Man schützt dabei
die Daten …

1 … vor unberechtigtem Zugriff. **H**
2 … gegen unberechtigten Zugriff. **B**
3 … bei unberechtigtem Zugriff. **O**

Eine Variante ist falsch. Welche?

Wenn Sie Ihren Urlaub »all inclusive« gebucht haben, dann ist alles inbegriffen. Alle aufgezählten Details mögen inhaltlich stimmen, aber ein Satz enthält leider einen Grammatikfehler. Welcher?

28

1 Der Urlaub ist inklusive den Fahrten vom und zum Flughafen gebucht.

2 Der Urlaub ist inklusive Flug gebucht.

3 Der Urlaub ist inklusive aller Mahlzeiten gebucht. **O**

Welche der Aussagen ist korrekt? Der Ausdruck »dank seinem Einfluss« ...

29

1 ... ist neben »dank seines Einflusses« erlaubt. **I**

2 ... ist grammatisch falsch. **A**

3 ... ist neben »dank seines Einfluss'« erlaubt. **W**

Wer seine Ansicht äußern will, kann das ankündigen durch folgende Formulierungen. Doch nur eine ist grammatisch korrekt.

30

1 Meines Ermessens nach ... **U**

2 Meines Ermessens ... **C**

3 Nach meinem Ermessen ... **T**

31 Das kleine Wörtchen »je« hat enorme Auswirkungen auf das, was danach kommt – je nachdem, welche Funktion es selbst einnimmt. Welche Formulierung ist falsch?

1 Die Firma konnte einen Umsatz von 8000 Euro je beschäftigter Arbeitnehmer erzielen. **N**
2 Die Firma konnte einen Umsatz von 8000 Euro je beschäftigten Arbeitnehmer erzielen. **A**
3 Die Firma konnte einen Umsatz von 8000 Euro je beschäftigtem Arbeitnehmer erzielen. **E**

32 Bringen Sie auch immer brav Ihre Pfandflaschen zurück und sind enttäuscht, wenn Sie nur so wenig rauskriegen? Der Grund ist sicher nicht die falsche Präposition, die sich in einem Satz versteckt hat. In welchem?

1 Üblich sind 8 Cent Pfand auf Bierflaschen. **C**
2 Bei uns gibt es 8 Cent Pfand für Bierflaschen. **K**
3 8 Cent Pfand bei Bierflaschen ist wirklich wenig. **U**

33 Wissen Sie, mit welchen Verben die gesamtwirtschaftliche Lage geschildert wird? In einem der drei Wortpaare hat sich ein falsches Wort versteckt. Die Konjunktur …

1 … zieht an, erholt sich. **F**
2 … schwächelt, kriselt. **R**
3 … kühlt sich ab, lahmt. **B**

LÖSUNGSWORT

— — — — — — — — —
25 26 27 28 29 30 31 32 33

Spiel 3
Wörter in Bildern

Die dritte Runde beginnt. Ein Bild sagt mehr als 1000 Worte, heißt es – doch hier sollen Sie die Wörter zu den Bildern finden. Von Alltagsgegenständen bis hin zu Sport, Handwerk und Industrie. Kennen Sie die Namen der Organellen einer Zelle? Wissen Sie, was die Linien auf den Wetterkarten bedeuten? Grundwissen in Botanik und Zoologie wird nützlich sein. Wenn Sie dann auch noch Noten und römische Ziffern lesen können, dann blättern Sie weiter und steigen Sie ein!

 Die Lösungswörter sind in diesem Kapitel passenderweise die Namen von Künstlerinnen und Künstlern.

3 Wörter in Bildern

1 Unser Sonnensystem besteht aus dem Zentralgestirn Sonne und den neun Planeten, die unterschiedlich weit von der Sonne entfernt ihre Bahnen ziehen. An welcher Position (gezählt von der Sonne) befindet sich der Gasplanet Uranus?

1 8 **G**
2 7 **W**
3 5 **A**

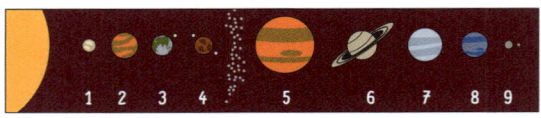

2 Wie nennt man die Bereiche gleichen Luftdrucks, die auf der Wetterkarte durch schwarze Linien gekennzeichnet sind?

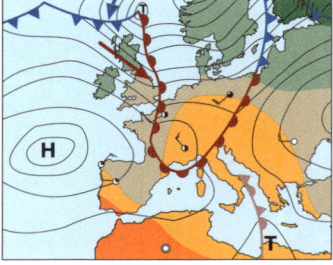

1 Isobathen **D**
2 Isobaren **A**
3 Isohypsen **I**

3 Vorhang ist nicht gleich Vorhang – zumal im Theater. Es gibt den deutschen, griechischen und französischen Vorhangzug. Welcher der unten abgebildeten Vorhangzüge wird der griechische genannt?

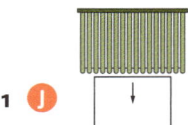

1 **J**

2 **R**

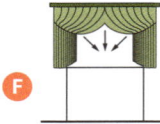

3 **F**

In der menschlichen Zelle finden sich zahlreiche Organellen mit unterschiedlichen Aufgaben. Eine Gruppe dieser Organellen bezeichnet man auch als die Kraftwerke der Zelle. Kennen Sie den Namen dieser Organellen?

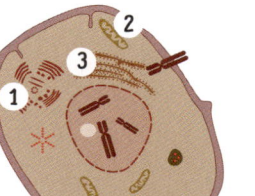

4

1 Golgi-Apparat **T**
2 Mitochondrien **H**
3 Ribosomen **P**

Wie heißt die einholbare Platte, die bei Jollen das Abdriften des Bootes verringert?

5

1 Latte **C**
2 Schwert **O**
3 Pinne **M**

Antike und mittelalterliche Münzen sind beliebte Sammlerstücke. Eine der drei abgebildeten Münzen war Zahlungsmittel unter Kaiser Friedrich I. Barbarossa (12. Jahrhundert). Welche?

6

 1 **E**    2 **N**    3 **L**

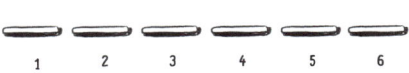

1   2   3   4   5   6

7 Unter welchem Namen ist die abgebildete Flagge bekannt?

1 Banner des roten Mondes
2 Sonnenbanner
3 Sternenbanner

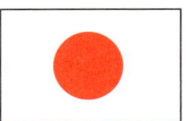

E
T
A

---

8 Kennen Sie sich mit römischen Ziffern aus? Welche Jahreszahl verbirgt sich hinter MCMXCVIII?

1 1918
2 1948
3 1998

C
W
I

---

9 Welcher Schwimmstil ist auch nach einem Insekt benannt?

1 das Brustschwimmen
2 das Delfinschwimmen
3 das Kraulen

A
Z
S

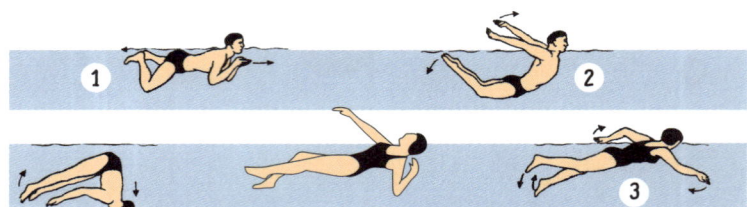

Wer einen Rasen hat, der kennt diese Pflanze nur zu gut. Sie breitet sich gern so schnell aus, dass bald die ganze Wiese mit ihren gelben Blüten überzogen ist. Das Allerweltskraut hat viele Namen, doch einer der unten genannten gehört nicht dazu. Welcher?

10

1 die Augenwurz   **L**
2 der Huflattich   **I**
3 der Kuhlattich   **O**

Wer Kapriolen schlägt, macht Luftsprünge. Auch in der hohen Schule des Reitens bezeichnet »Kapriole« eine bestimmte Sprungart. Auf welcher Abbildung ist sie zu sehen?

11

1 P   **2 A**   **3 U**

Brot und Bier gehören zu den ältesten Nahrungsmitteln, die auf der Verwendung von Getreide beruhen. Die Ähren von Roggen, Weizen, Dinkel und Gerste unterscheiden sich. Können Sie die Gerste erkennen?

12

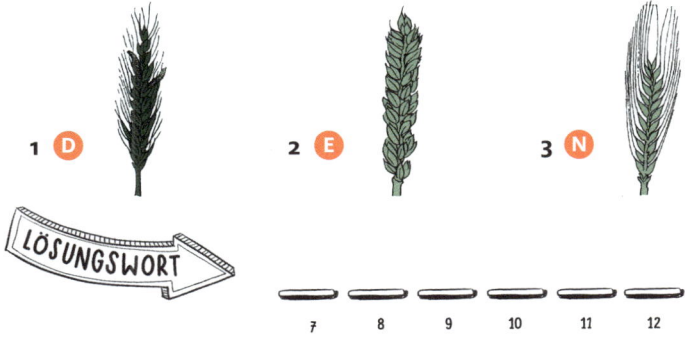

1 D   **2 E**   **3 N**

LÖSUNGSWORT

7   8   9   10   11   12

13 Seit der Goldenen Bulle von 1356 wählten und krönten die Kurfürsten die römisch-deutschen Könige und Kaiser – immerhin bis 1806! Kurfürsten trugen spezielle Kronen. Wissen Sie welche?

1 G   **2 B**   **3 R**

14 Sie sehen drei Anzugformen, die Männer bei sehr festlichen und offiziellen Anlässen tragen. Welche davon zeigt den Smoking?

1 D   **2 U**   **3 E**

15 In der Notenschrift zeigen Vorzeichen – Kreuze oder Bs – die Versetzung des Stammtons um einen Halbton an. Welche Tonarten haben als Vorzeichen vier Kreuze?

1 A-Dur und fis-Moll   **V**
2 E-Dur und cis-Moll   **N**
3 E-Dur und e-Moll   **E**

Ein bestimmtes Bauteil von Saiteninstrumenten wird als Zarge bezeichnet? Wissen Sie welches?

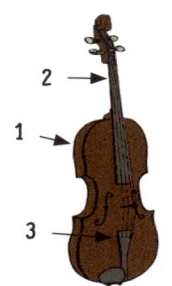

16

1 **O**
2 **A**
3 **P**

Keiner von uns hat je ein Fabelwesen zu Gesicht bekommen und doch glaubt man ziemlich genau zu wissen, wie sie aussehen. Wie heißt das abgebildete Wesen?

17

1 Pegasus
2 Zentaur
3 Greif

Wie nennt man dieses Grab aus der Jungsteinzeit?

18

1 Hockergrab **S**
2 Hünengrab **R**
3 Menhir **T**

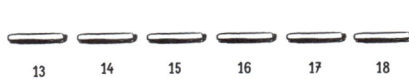

13   14   15   16   17   18

19 Das christliche Kreuz gibt es in unterschiedlichen Formen. Bei uns ist das lateinische Kreuz, auch Passionskreuz genannt, üblich. Welche der drei Kreuzformen wird in der russisch-orthodoxen Kirche verwendet?

1 T

2 B

3 C

---

20 Wie bezeichnet man diesen buddhistischen Tempelbau?

1 als Stupa   **F**
2 als Pagode   **E**
3 als Schikhara   **L**

---

21 In Synagogen und auch in den Wohnungen jüdischer Familien werden im November/Dezember zum Lichterfest (Chanukka) die Kerzen des Chanukkaleuchters angezündet. Wie sieht dieser Leuchter aus?

1 H

2 I

3 U

Welche der Abbildungen zeigt einen Hexaeder?

22

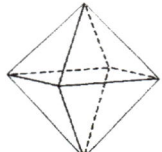
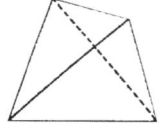
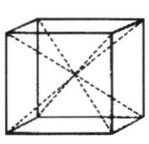

1 D **2** E **3** Y

In der Abbildung sehen Sie die additive Farbmischung, die Mischung der Grundfarben Rot, Grün und Blau, die zusammen Weiß ergeben – wie in einem Monitor oder einem Fernsehapparat. Zu allen Grundfarben gibt es Komplementärfarben. Welches ist die Komplementärfarbe von Blau?

23

1 Gelb
2 Weiß
3 Magenta

19 20 21 22 23

Das Sprungpferd ist ein Turngerät im olympischen Turnen. Drei typische Übungen sind hier abgebildet. Welche davon wird Flanke genannt?

1 **F** 2 **K**

3 **A**

 Der Erlenmeyerkolben ist eines der unentbehrlichen Laborgeräte in jedem Chemielabor. Wissen Sie, wie er aussieht?

1 **S** 2 **P** 3 **A**

Wie nennt man in der Architektur der Antike weibliche Statuen mit langem Gewand, die anstelle einer Säule das Gebälk eines Bauwerks tragen?

26

1 Stelen D

2 Hermen N

3 Karyatiden H

Der in unseren Breiten heimische Buntspecht ist noch unter anderen Namen bekannt. Welcher gehört nicht dazu?

27

1 Rotspecht B

2 Fleckspecht O

3 Feuerspecht L

Sie sehen drei klassische Herrenhüte. Welcher davon ist der Bowler?

28

1 C **2** M **3** O

24 25 26 27 28

29 Wie nennt man diese anspruchsvolle Figur im Paarlauf?

1 Rückenpirouette **R**
2 Bodenpirouette **A**
3 Todesspirale **F**

30 Ob Schweinshaxe, Stelze oder Eisbein – in Deutschland oder Österreich ist das Gericht aus der traditionellen Küche nicht wegzudenken. Wissen Sie auch, welches Fleischstück damit gemeint ist?

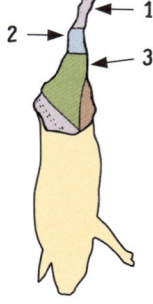

1 **P**
2 **E**
3 **S**

31 Die Begriffe konvex und konkav beziehen sich auf die Krümmung der Oberfläche einer optischen Linse. Welche der drei abgebildeten Linsen ist nicht konvex?

1 **I**
2 **H**
3 **M**

1   2   3

Wie nennt man beim Stamm einer Kiefer das den dunkleren Kern umgebende hellere Holz?

1 Splintholz **N**

2 Kambium **C**

3 Bast **E**

Drei verschiedene Dachformen sehen Sie hier abgebildet. Welche davon wird Walmdach genannt?

33

1 **I**   **2** **R**   **3** **D**

Manuell hergestelltes Papier wird geschöpft und ist daher sehr wasserhaltig. Die Flüssigkeit wird mittels einer Spindelpresse herausgepresst. Diese Art der Entwässerung hat in der traditionellen Papierherstellung einen speziellen Namen. Kennen Sie ihn?

34

1 Spindeln **T**

2 Gautschen **N**

3 Filzen **K**

35 Bei Flugzeugen unterscheidet man drei Hauptbewegungen, je nachdem, um welche Achse sie erfolgen. Wann spricht man von Gieren?

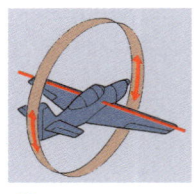

1 Ⓖ   **2** Ⓚ   **3** Ⓘ

---

36 Die zahllosen Schriften, die es gibt, lassen sich in Familien einteilen. Dazu zählen z. B. die Antiqua-Schriften und die Grotesk-Schriften. Welche der abgebildeten Varianten ist eine Antiqua?

𝕯𝖚𝖉𝖊𝖓   Duden   **Duden**

1 Ⓝ   **2** Ⓔ   **3** Ⓐ

---

37 Wie heißen die abgebildeten Einsätze für einen Akkuschrauber?

1 Bytes   Ⓑ
2 Bits   Ⓡ
3 Bitoks   Ⓥ

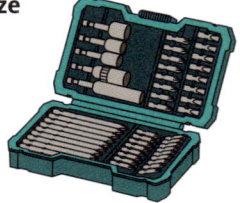

| 29 | 30 | 31 | 32 | 33 | 34 | 35 | 36 | 37 |

Spiel 4
Grammatik

In diesem Spiel gehts ans Eingemachte. Tief verschüttetes Schulwissen ist gefragt. Sie können Adverbien von Adjektiven unterscheiden? Subjekt, Prädikat und Objekt sind keine böhmischen Dörfer für Sie? Es fällt Ihnen leicht, Verben durch alle Personen und Zeiten zu jagen und alle Fälle auf Substantive anzuwenden? Wenn Sie bereit sind, auch härtere Nüsse zu knacken, dann sind die folgenden Fragen ideal für Sie.

Die Lösungswörter sind dieses Mal chemische Elemente.

AUF EIN NEUES!

4 Grammatik

1 **Traditionell werden die unterschiedlichen Deklinationsarten als stark, schwach und gemischt beschrieben. Woran erkennt man, dass ein Substantiv schwach dekliniert wird?**

1 Es kommen nur die Endungen -e und -en/-n vor. **S**

2 an der Endungslosigkeit **A**

3 an der -(e)s-Endung im Genitiv Singular **N**

2 **Jetzt ist Konzentration gefordert. Um welchen oder welche Kasus im Singular handelt es sich bei der Form »Herrn«?**

1 Es handelt sich eindeutig um den Nominativ Singular von »Herr«. **M**

2 Die Form ist mehrdeutig, es kann sich um den Akkusativ und den Dativ Singular handeln. **F**

3 Die Form ist mehrdeutig, es kann sich um den Akkusativ, Dativ oder Genitiv Singular handeln. **I**

3 **Bei Fremdwörtern sind manchmal mehrere Pluralformen korrekt. Welche Pluralform des aus dem Altgriechischen entlehnten Wortes »Thema« ist aber falsch?**

1 Themata **O**

2 Themen **Y**

3 Themas **L**

Und noch ein Fremdwort, dieses Mal aus dem Lateinischen. Wie lautet der korrekte Genitiv Singular von Autor?

1 des Autoren   **X**
2 des Autors   **B**
3 des Autor   **L**

Bei Adjektiven entscheidet der Kontext, ob sie schwach oder stark dekliniert werden. Wie wird ein Adjektiv dekliniert, wenn es nach einem bestimmten Artikel steht, z. B. der alte Mann?

5

1 Das Adjektiv wird immer wie das Substantiv dekliniert.   **W**
2 Das Adjektiv wird stark dekliniert.   **J**
3 Das Adjektiv wird schwach dekliniert.   **E**

Puhhh

In welchem Satz ist die Flexion des Adjektivs »nett« nicht korrekt.

6

1 Sie sprach mit Margot und deren nettem Mann.   **G**
2 Sie sprach mit Margot und ihrem netten Mann.   **C**
3 Sie sprach mit Margot und deren netten Mann.   **R**

LÖSUNGSWORT

1   2   3   4   5   6

7 Die Flexion von Verben – man bezeichnet sie als Konjugation, während die Beugung von Adjektiven, Substantiven, Pronomen und Zahlwörtern Deklination heißt – ist auch nicht ohne. Wie lautet die 2. Person Plural Indikativ Aktiv Futur II von »lieben«?

1 Ihr werdet geliebt haben.　**H**
2 Ihr werdet geliebt worden sein.　**A**
3 Ihr würdet geliebt haben.　**C**

8 Können Sie auch die 1. Person Singular Indikativ Passiv Plusquamperfekt von »vernehmen« bilden?

1 Ich wurde vernommen.　**K**
2 Ich war vernommen worden.　**E**
3 Ich hatte vernommen.　**S**

9 Die Befehlsform wird in der Umgangssprache oft falsch gebildet. Welche der genannten Aufforderungen ist nicht korrekt?

1 Lest das!　**V**
2 Sprich nicht so laut!　**J**
3 Werf mal den Ball her!　**L**

Wie heißt eigentlich die Befehlsform auf Lateinisch? 10

1 Indikativ
2 Imperativ
3 Infinitiv

Der Konjunktiv wird immer seltener benutzt. Doch in der indirekten Rede spielt er noch immer eine wichtige Rolle. Nur einer der Sätze ist grammatisch tadellos. Welcher? 11

1 Erika sagte mir, sie und ihre Freundin fahren nächstes Wochenende nach Sylt.
2 Erika sagte mir, sie und ihre Freundin führen nächstes Wochenende nach Sylt.
3 Erika sagte mir, sie und ihre Freundin würden nächstes Wochenende nach Sylt fahren.

Nicht nur bei der indirekten Rede hat es der Konjunktiv in sich. Aus einem der Sätze können wir schließen, dass etwas nicht geschehen ist. Aus welchem? 12

1 Sie hat behauptet, Petra sei angekommen.
2 Er versprach mir, ich würde einen Hund bekommen.
3 Hätte ich doch das Kleid letzte Woche gekauft!

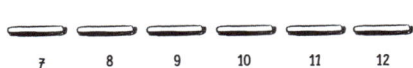

7   8   9   10   11   12

13 Was ist der Unterschied zwischen transitiven und intransitiven Verben?

1 Transitive Verben verbinden sich mit einem Akkusativobjekt, intransitive nicht.

2 Intransitive Verben bilden das Perfekt mit »haben«, transitive mit »sein«.

3 Transitive Verben können ins Passiv gesetzt werden, intransitive nicht.

 14 Das Hilfsverb »sein« hat unterschiedliche Funktionen. Welche gehört nicht dazu?

1 Bildung von Perfekt

2 Bildung von Passiv

3 Bildung von Futur

15 Verlassen wir die Verben. Um welche Wortart handelt es sich bei den farbig gedruckten Wörtern?
Heute findet die Wahl statt. Ich nehme gern daran teil, zumal das Wahlbüro gleich nebenan ist.

1 Adjektive

2 Adverbien

3 Attribute

Die Steigerung von zusammengesetzten Adjektiven wirft Fragen der Schreibung auf. Welche Komparativform des unten aufgeführten zusammengesetzten Adjektivs ist nicht korrekt?

16

1 Sie erhob noch schwerwiegendere Vorwürfe als er. **A**
2 Sie gehen auch schwerer wiegenden Anschuldigungen nach. **T**
3 Das Gericht konzentriert sich auf die schwer wiegenderen Fälle. **K**

Kommen wir zu den kleineren Wörtern. Präpositionen dienen dazu, Wörter zueinander in Beziehung zu setzen; dabei bestimmen sie auch den Kasus des folgenden Substantivs. Welche Präpositionen können ausschließlich mit dem Dativ stehen?

17

1 mit, von, aus, bei, zu, nach, seit
2 in, an, auf, über, unter, vor, hinter, neben, zwischen
3 durch, für, gegen, ohne, um, bis

Es gibt Präpositionen, die zwei verschiedene Funktionen haben können – abhängig vom Kasus (Fall) der folgenden Substantivgruppe. In einem der Sätze stimmt der Kasus nicht. In welchem?

18

1 Sie stellt sich auf dem Podium. **L**
2 Sie stellt die Blumen auf den Tisch. **B**
3 Sie wartet auf ihre Kinder **V**

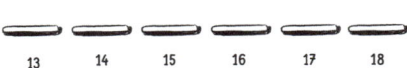

13   14   15   16   17   18

19 Pronomen sind Fürwörter, sie können »für« ein anderes Wort stehen, es also ersetzen. Welche der aufgezählten Wörter sind Possessivpronomen?

1 mir, dir, ihr/ihm, uns, euch, ihnen **P**

2 mein, dein, sein/ihr, unser, euer, ihr **M**

3 mich, dich, ihn/sie/es, uns, euch, sie **R**

20 Was versteht man in der Sprachwissenschaft unter einer Apposition?

1 ein Satzzeichen, das den Ausfall eines Lautes oder einer Silbe kennzeichnet **T**

2 eine Aufzählung gleichrangiger Satzglieder, die durch Kommas abgetrennt werden **W**

3 eine substantivische nähere Bestimmung, die meist im gleichen Fall steht wie ihr Bezugswort **A**

21 Vorsilben oder Präfixe spielen bei der Wortbildung ein wichtige Rolle. Sie modifizieren oft die Bedeutung des Basiswortes. Un- steht z. B. für »nicht«, Ex- für »ehemalig«, Ge- für ein Kollektiv (*Ge*birge, *Ge*büsch). Was aber versteht man unter einem Präfixoid?

1 Damit ist eine Vorsilbe gemeint, die durch einen Bindestrich mit dem Basiswort verbunden ist, wie in »E-Mail«. **C**

2 Damit werden Vorsilben bezeichnet, die heute nur noch ein einziges Mal vorkommen, wie in »*Brom*beere«. **H**

3 Damit ist ein Wortteil gemeint, der sich aus einem selbstständigen Wort zu einer Vorsilbe entwickelt hat. **G**

Widmen wir uns nun den Kniffligkeiten des Satzbaus: Wie bezeichnet man das jeweils farbig gedruckte Satzglied?

22

Sie hilft den schwächeren Schülern. Sie gleicht ihrer Mutter. Sie gibt mir drei Äpfel.

1 Es handelt sich jeweils um ein Dativobjekt.
2 Es sind jeweils die Subjekte der Sätze.
3 Alle drei sind Prädikate. E

Wir wissen alle, dass es Haupt- und Nebensätze gibt. Aber woran erkennt man eigentlich einen Nebensatz?

23

1 An der einleitenden Konjunktion und der Endstellung des Verbs. A
2 An der Position im Satzgefüge
3 Daran, dass der Satz nicht für sich allein stehen kann. E

Sind Sie mit den Begriffen Parataxe und Hypotaxe vertraut? Bei welchem der unten genannten Sätze handelt es sich um eine Hypotaxe?

24

1 Sie kommt nicht, sie ist krank. D
2 Sie kommt nicht, sie ist nämlich krank. J
3 Da sie krank ist, kommt sie nicht. S

25 **Jeder deutsche Satz besitzt eine finite Verbform. Bei welcher farbig markierten Verbform handelt es sich um eine infinite Verbform?**

1 Ich laufe jeden Morgen. **D**
2 Ich bin den ganze Tag durch den Park gelaufen. **I**
3 Früher liefst du von der Arbeit nach Hause. **A**

26 **Manche Sätze sind grammatisch nicht eindeutig, was sich auch auf die Aussage auswirkt. Nur in einem Fall ist die Botschaft wirklich eindeutig. In welchem?**

1 Das Töten der Wölfe ist schrecklich. **S**
2 Susi winkt der Frau mit dem Taschentuch. **B**
3 Sie glaubt nicht an Ufos. **U**

27 **Sie wissen vermutlich, wie eine Ellipse als geometrische Figur aussieht. Doch wissen Sie auch, was in der Sprachwissenschaft und Rhetorik unter einer Ellipse zu verstehen ist?**

1 eine Redefigur, die immer wieder auf dasselbe Thema zurückkommt **C**
2 eine satzwertige Wendung, in der zum Verständnis entbehrliche Redeteile weggelassen worden sind **M**
3 ein sprachlicher Ausdruck, bei dem ein Wort (oder eine Wortgruppe) aus seinem eigentlichen Bedeutungszusammenhang in einen anderen übertragen wird

19   20   21   22   23   24   25   26   27

Spiel 5
Fremdwörter

Die nächste Runde wartet auf Sie. Schon immer sind Wörter aus anderen Sprachen ins Deutsche eingewandert. Bei manchen spüren wir das gar nicht mehr, sie sind längst hier zu Hause. Andere geben uns mehr Rätsel auf, weil sie nur selten benutzt werden oder aus Fachsprachen stammen. Griechisch- und Lateinkenntnisse können da nützlich sein! Was bedeutet es etwa, wenn ein Wort mit Dys-, Tera- oder Kryo- beginnt? Xenophobie ist auf jeden Fall in dieser Battle relativ obstruktiv.

 Kleiner Tipp: Die Lösungswörter sind Pflanzen.

5 Fremdwörter

1

Viele Vorsilben wissenschaftlicher Ausdrücke kommen aus dem Griechischen. Eine davon ist kryo-. Was bedeutet diese Vorsilbe?

1 Ausdrücke mit dieser Vorsilbe haben etwas mit Verschlüsselung zu tun. **O**

2 Ausdrücke mit dieser Vorsilbe haben etwas mit dem Schädel zu tun. **W**

3 Ausdrücke mit dieser Vorsilbe haben etwas mit Kälte zu tun. **K**

2

Eine Suada kann sehr belastend sein. Womöglich waren Sie auch schon einmal Opfer einer solchen. Aber wissen Sie eigentlich, was damit gemeint ist?

1 ein ununterbrochener Redefluss **I**

2 ein lautes Geschrei **N**

3 eine sarkastische Kritik **D**

3

Sie hören schon an der Vorsilbe, dass es nichts Angenehmes ist. Aber was genau verbirgt sich hinter dem Wort »Dystopie«?

1 Das Wort bezeichnet eine in der Zukunft spielende Erzählung mit negativem Ausgang. **E**

2 Es handelt sich um eine Augenkrankheit. **B**

3 Gemeint ist ein Missklang in einem Musikstück. **A**

Mit welchem Lied siegte Conchita Wurst im Eurovision Song Contest 2014?

4

1 Rise Like a Phoenix
2 Rise Like a Phenix
3 Rise Like a Fenics

Eine Person, die ihren Glauben oder ihre Religion wechselt, nennt man …

5

1 Renegat oder Renegatin. **G**
2 Konvertit oder Konvertitin. **E**
3 Apostat oder Apostatin. **C**

Im Deutschen gibt es eine Reihe von Wörtern und Redewendungen jiddischen Ursprungs. Eines der Wörter ist Mischpoche oder Mischpoke. Wissen Sie, was damit gemeint ist?

6

1 Es ist ein abwertender, umgangssprachlicher Ausdruck für die Verwandtschaft.
2 So bezeichnet man umgangssprachlich harte Arbeit.
3 Es handelt sich um ein sehr derbes Wort für unartige Kinder.

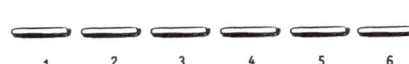

1   2   3   4   5   6

7 Was meint ein Schweizer oder eine Schweizerin, wenn er oder sie das Wort Pendenz verwendet?

1 die Abhängigkeit von einer Sache   **D**
2 eine unerledigte Angelegenheit   **B**
3 eine dringende Aufgabe   **A**

8 Immer wieder gibt es bei Fremdwörtern Verwechslungsgefahr. Welches Wortpaar ist tatsächlich bedeutungsgleich?

1 effektiv und effizient   **F**
2 anormal und abnormal   **A**
3 Stadion und Stadium   **J**

9 Was wirft man jemandem vor, wenn man sagt, er sei ein Hedonist?

1 Dass er oder sie nur auf Geld fixiert ist.   **K**
2 Dass er oder sie nur auf der faulen Haut liegt.   **E**
3 Dass er oder sie nur auf Genuss und Spaß aus ist.   **M**

In der Medizin sind Fremdwörter an der Tagesordnung.
Da kann schon mal was durcheinandergeraten, so auch bei
diesen Sätzen. Nur was und in welchem Satz?

10

1 Neurosen sind psychische Störungen. **N**
2 Neurosen zählen zu den psychologischen Erkrankungen. **B**
3 Neurosen werden psychologisch behandelt. **E**

Wer viel mit digitalen Geräten zu tun hat, dem sind die
Begriffe Megabyte, Gigabyte und Terabyte für Kapazitäten
von Festplatten- oder Arbeitsspeichern vertraut. Aber wissen
Sie auch, was Terabyte und damit die Vorsilbe Tera- genau
bedeutet?

11

1 10^9 oder 1 000 000 000 Byte   **P**
2 10^{12} oder 1 000 000 000 000 Byte   **U**
3 10^{15} oder 1 000 000 000 000 000 Byte   **T**

In der vorigen Frage ging es um ganz große Zahlen. Doch
kennen Sie sich auch mit ganz kleinen Größen aus? Sie kennen
Zentimeter, Millimeter, doch wissen Sie auch, wie lang – oder
besser: kurz – ein Nanometer ist?

12

1 Er hat eine Länge von 10^{-9} oder 0,000 000 001 Metern. **S**
2 Er hat eine Länge von 10^{-12} oder 0,000 000 000 001 Metern. **C**
3 Er hat eine Länge von 10^{-18} oder
   0,000 000 000 000 000 001 Metern.   **V**

LÖSUNGSWORT

| 7 | 8 | 9 | 10 | 11 | 12 |

13 Wenn man die eigentliche Bedeutung eines Fremdworts nicht kennt, entsteht schon mal unfreiwillig ein Pleonasmus, also ein Ausdruck, der eigentlich doppelt gemoppelt ist (wie der berühmte weiße Schimmel). Nur ein Wort von den dreien ist kein Pleonasmus. Welches?

1 Knoblauch-Salsa
2 Düsenjet
3 La-Ola-Welle

 E
 R
 T

14 Viele Menschen erleiden Pannen beim Gebrauch von Fremdwörtern. So auch Trainer Bruno Labbadia, als er einmal den Medien vorwarf, den Dingen unangemessene Wichtigkeit zu verleihen. Wie hätte sein Ausspruch sprachlich korrekt lauten müssen?

1 Das wird doch alles von den Medien hochstilisiert. N
2 Das wird doch alles von den Medien hochqualifiziert. I
3 Das wird doch alles von den Medien hochsterilisiert. E

15 Haben Sie schon mal etwas von Solmisation gehört? In welches Themenfeld gehört das Wort?

1 in den Bereich Solarenergie O
2 in den Bereich Chemie P
3 in den Bereich Musik Z

Das Elektron als Baustein eines Atoms ist uns aus dem Physik- und Chemieunterricht geläufig. Aber wissen Sie, was das Wort ursprünglich bedeutet hat?

16

1 Es ist das griechische Wort für Bernstein. **I**
2 Es ist das griechische Wort für kleines Teilchen. **A**
3 Es ist das griechische Wort für Anziehung. **C**

Welche Schreibweise ist für diesen aus dem Französischen stammenden Begriff für ein Gespräch unter vier Augen oder auch ein zärtliches Zusammensein nicht zulässig?

17

1 Tète-à-Tète **A**
2 Tete-a-Tete **W**
3 Tête-à-Tête **F**

Wissen Sie, was mit einer Glyphe oder Glypte gemeint ist?

18

1 ein geschnittener Stein, eine Skulptur **N**
2 ein altägyptischer Papyrus **O**
3 eine verschlüsselte Geheimbotschaft **M**

LÖSUNGSWORT

13 14 15 16 17 18

19

Wenn Ihnen Ihr Arzt oder Ihre Ärztin ein Medikament verschreibt, dann handelt es sich womöglich um ein Generikum, das zwar die gleichen Wirkstoffe wie das Originalmedikament enthält, aber weniger kostet. Nur was bedeutet der Ausdruck wörtlich?

1 Er ist abgeleitet von »generös«, lateinisch *generosus* (»von Adel, großzügig«)   **E**

2 Er ist abgeleitet von »generisch« zu lateinisch *genus, genera* (»Stamm, Gattung«).   **S**

3 Er bezieht sich auf die spezielle Art der Herstellung und leitet sich von lateinisch *genero* (»erschaffen, erzeugen«) her.   **T**

20

Das Hendiadyoin ist ein rhetorisches Stilmittel. Welche der unten genannten Wendungen ist dafür ein Beispiel?

1 der weiße Schimmel   **V**

2 bitten und flehen   **C**

3 Er kam, er sah, er siegte.   **B**

21

Nicht alle Fremdwörter kommen aus dem Griechischen oder Lateinischen. Zum Beispiel das Wort Hadsch. Wissen Sie, was sich dahinter verbirgt?

1 Es handelt sich um das tägliche Ritualgebet der Muslime.   **A**

2 Das Wort bezeichnet eine Form der Jagd, bei der die Jäger auf Kamelen reiten.   **D**

3 Damit ist die islamische Wallfahrt nach Mekka zur Kaaba gemeint.

Was versteht man unter einer Gloriette? 22

1 einen Heiligenschein U
2 einen offenen Gartenpavillon I
3 einen Lorbeerkranz A

Immer wieder ist in der Presse von der Gentrifizierung eines Stadtteils die Rede. Wissen Sie, was damit gemeint ist? 23

1 eine zunehmende Überalterung der Bewohner des Stadtteils P
2 die Aufwertung des Stadtteils durch Umbau und Sanierung von Altbauten L
3 der zunehmende Leerstand von Wohneinheiten in dem Stadtteil W

Diese drei Wörter sind feststehende Ausdrücke und sie stehen zum Teil sogar im Duden. Nur eins von ihnen ist kein Pleonasmus, ist also nicht in der Bedeutung doppelt gemoppelt. 24

1 ausrangieren F
2 hineininvestieren A
3 aufoktroyieren M

| 19 | 20 | 21 | 22 | 23 | 24 |

25

Das Rechenverfahren bestimmt längst unseren Alltag. Ob nun unser Navi im Auto, die auf unseren Geschmack abgestimmte Werbung oder die Google-Suche – hinter allem steckt ein A... Nur wie wird er richtig geschrieben?

1 Algorithmus **H**
2 Algorythmus **A**
3 Algorhythmus **E**

26

Vielleicht haben Sie im Vatikan die Deckenmalereien in der Sixtinischen Kapelle bewundert. Man nennt die Kunstwerke von Michelangelo auch Fresken, weil er sie *al fresco* gemalt hat. Wissen Sie, was das heißt?

1 Er hat auf frischem, noch feuchtem Putz gemalt. **A**
2 Er hat mit besonders frischen und leuchtenden Farben gemalt. **G**
3 Er hat sie besonders schnell gemalt. **C**

27

Wer besonders gebildet ist, kennt auch die richtigen Plural-formen von Fremdwörtern. Unter den aufgeführten stimmt aber nur eine. Welche ist es?

1 Jetzt aber keine Internas ausplaudern! **E**
2 Ich habe beim Lieferservice zwei Thunfischpizzas bestellt. **S**
3 Vor dem Urlaub muss ich nur noch die Visas abholen. **R**

Vielleicht haben Sie das Wort in Situationen, in denen es um eine Entscheidung ging, schon gehört: Es habe noch Imponderabilien gegeben. Was könnte damit gemeint sein?

28

1 schwer zu überwindende Schwierigkeiten **P**
2 Unwägbarkeiten **E**
3 unbedeutende Hindernisse **B**

Wen bezeichnet man nicht als Koryphäe?

29

1 die erste Solotänzerin im Ballett **N**
2 eine Person, die im Glücksspiel einen besonders hohen Gewinn erzielt hat **L**
3 einen hervorragenden Gelehrten / eine hervorragende Gelehrte **O**

Haben Sie auch ein Motherboard zu Hause? Nur was ist das eigentlich?

30

1 ein Bügelbrett **P**
2 eine spezielle Küchenablage **A**
3 die Hauptplatine eines Computers **N**

SCHON DIE LÖSUNG?

31 Es gibt eine Reihe von Fremdwörtern mit der Vorsilbe »em-«. In allen drei Wortbeispielen bedeutet die Silbe immer so etwas wie »innen« (Ort) oder »hinein« (Richtung). Eines der Wörter ist jedoch falsch geschrieben. Welches?

1 Emphase **A**
2 Emphatie **U**
3 Emphysem **H**

32 Von jemandem wird behauptet, sie oder er sei xenophob. Was ist damit gemeint?

1 Sie oder er hat Angst vor geschlossenen Räumen. **E**
2 Sie oder er ist fremdenfeindlich gesinnt. **S**
3 Sie oder er hat Höhenangst. **G**

33 Was ist ein Homofon?

1 ein Wort, das sich in der Aussprache von einem anderen gleich geschriebenen unterscheidet **A**
2 ein Wort, das zwar genauso klingt wie ein anderes, aber dennoch anders geschrieben wird **S**
3 ein Wort, das wie ein anderes geschrieben und gesprochen wird, aber eine andere Bedeutung hat und sich grammatisch von diesem unterscheidet **R**

LÖSUNGSWORT

25 26 27 28 29 30 31 32 33

Spiel 6
Aussprache

In dieser Runde geht es um die korrekte Aussprache von Wörtern, besonders aus anderen Sprachen. Kennen Sie etwa die Ausspracheregeln für das »g« im Italienischen? Oder wissen Sie, wie man die US-amerikanische Stadt Schenectady korrekt ausspricht? Bei deutschen Wörtern sind regionale Unterschiede in der Aussprache nicht selten. Richtig oder falsch gibt es da nicht. Sie sollen nur einschätzen, welche Varianten von den meisten Menschen akzeptiert werden. Auf die internationale Lautschrift haben wir verzichtet, um die Sache nicht unnötig zu verkomplizieren.

 Bei den Lösungswörtern geht es um Musik.

6 Aussprache

1

Das Wort »China« wird im deutschsprachigen Raum ganz unterschiedlich ausgesprochen. Was ist die häufigste Form?

1 china   **K**
2 kina   **A**
3 schina   **P**

2

Wir Deutschen sind bestrebt, Wörter aus anderen Sprachen perfekt nach der Ausgangssprache auszusprechen. Dazu muss man aber einiges über die betreffenden Sprachen wissen. Wie z. B. wird im Spanischen der Buchstabe »v« am Wortanfang oder nach »n« ausgesprochen?

1 Wie unser »w«.   **T**
2 Wie unser »v« in Vogel.   **J**
3 Wie unser »b«.   **A**

3

Italienische Opern werden auch bei uns meist auf Italienisch aufgeführt. Eine kurze, gern gespielte Oper von Puccini trägt den Titel »Gianni Schicchi« nach dem Helden des Stücks. Wissen Sie, wie man diesen Namen ausspricht?

1 dschianni schikki   **E**
2 dschanni skikki   **D**
3 dschianni skichi   **N**

Seit vielen Jahren leben Menschen mit türkischem Migrations-
hintergrund in Deutschland. Da können sie erwarten, dass
man ihre Namen richtig ausspricht. Wie spricht man »c« im
Türkischen aus, das in Namen wie Cem oder Can vorkommt?

1 wie das »tsch« in Matsch
2 wie k
3 wie das »dsch« in Dschungel

Wir nennen die Hauptstadt von China Peking. Die amtliche
Bezeichnung – der Originallautung angenähert – ist jedoch
Beijing. Wie spricht sie sich aus?

1 beidsching
2 bedsching
3 beitsching

In welchen Sprachen taucht der »tsch« ausgesprochene
Buchstabe č auf?

6

1 Polnisch, Serbisch, Slowenisch
2 Serbisch, Slowenisch, Tschechisch
3 Bulgarisch, Russisch, Slowenisch

LÖSUNGSWORT

1   2   3   4   5   6

7 Für ein perfektes Outfit ist das passende »Accessoire« unverzichtbar. Wissen Sie auch, wie sich das Wort für modisches Zubehör richtig ausspricht?

1 assäsoar **W**
2 akssäsoar **S**
3 akässwoar **B**

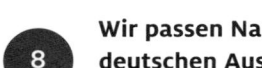 

8 Wir passen Namen aus anderen Sprachen behutsam unseren deutschen Aussprachekonventionen an. Wissen Sie, wie man Gorbatschow auf Russisch richtig ausspricht?

1 garbatschof **O**
2 gorbatscho **T**
3 gorbatschof **L**

9 Das Fleisch von Wild hat nach dem Abhängen einen eigentümlich scharfen, würzigen Geruch, den man als Hautgout bezeichnet. Im übertragenen Sinne wird damit auch die Anrüchigkeit einer Angelegenheit bezeichnet. Nur wie spricht man das Wort richtig aus? (Tipp: Es kommt aus dem Französischen.)

1 hooguu **U**
2 ooguu **N**
3 ootguu **A**

Vielleicht haben Sie eines dieser Fläschchen Worcestersoße in Ihrer Küche. Aber wissen Sie auch, wie sich das aus England stammende Würzmittel richtig ausspricht?

10

1 wortschestersoße
2 wuustersoße
3 wurstersoße

Katharina die Große, im damals deutschen Stettin (heute Polen, Szczecin) geboren, lebte seit 1745 in Russland und war ab 1762 russische Zarin. Dabei hat sich ihr Name im Russischen etwas verändert. Wissen Sie wie?

11

1 Aus Katharina wurde Ekaterina, ausgesprochen »jekaterina«. **T**
2 Aus Katharina wurde Katerina, die Aussprache blieb aber wie im Deutschen. **E**
3 Aus Katharina wurde Ekaterina, ausgesprochen »ekaterina«. **A**

Kennen Sie die Stadt Soest in Nordrhein-Westfalen? Wie wird sie richtig ausgesprochen?

12

1 Soost **E**
2 Sööst **J**
3 Sost (mit kurzem o)

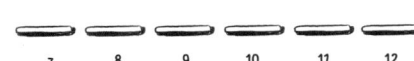

7 8 9 10 11 12

13 Wo wir gerade bei Ortsnamen sind: In Mecklenburg-Vorpommern und Brandenburg gibt es viele Orte, die auf -ow enden. Wie sprechen Sie z. B. Güstrow aus?

1 Güstrof **E**
2 Güstro **T**
3 Güstrau **W**

14 In einer Umfrage wurden Aussprachevarianten für das Wort »Jury« in Deutschland geprüft. Welche ist Ihrer Meinung nach die häufigste?

1 dschüri mit stimmhaftem »sch« und langem »ü« sowie Betonung auf der ersten Silbe **X**
2 schüri mit stimmlosem »sch« und langem »ü« sowie Betonung auf der ersten Silbe **C**
3 schüri mit stimmhaftem »sch« und langem »ü« sowie Betonung auf der ersten Silbe **O**

15 Vielleicht ist Ihnen der in Ungarn häufige Name Nagy, ein Familien- und Firmenname mit der Grundbedeutung »groß«, schon einmal untergekommen. Nur wie spricht man ihn aus?

1 nagi **S**
2 nadsch **D**
3 nodsch **N**

**Nördlich von New York City im US-Bundesstaat New York
befindet sich die auch als Electric City bekannte Stadt
Schenectady – eine Herausforderung für uns Deutsche.
Wie wird der Name richtig ausgesprochen?**

16

1 schinéktedi
2 skinéktedi
3 schénektedi

R
L
A

**Stellen Sie sich vor, Sie haben sich ein Auto der italienischen
Luxusautomarke Lamborghini geleistet und sprechen ihn
falsch aus. Wie peinlich! Wie sagt man richtig?**

17

1 lambordschini
2 lamborchini
3 lamborgini

A
P
E

**Immer, wenn die Ausbreitung einer ansteckenden Krankheit
droht, wird über die erkrankten Menschen eine Quarantäne
verhängt. Warum spricht man das Wort meist wie »Karantäne«
aus?**

18

1 Die französische Aussprache der Buchstabenverbindung qu
   hat sich in diesem Wort erhalten.
2 Das Wort stammt aus dem Arabischen.
3 Die Buchstabenverbindung qu spricht man im Deutschen nie
   als kw.

I
H
B

19

Es ist eine der Strategien beim Pokern, sich nichts anmerken zu lassen und eine schwache Hand mit einem Pokerface zu überreizen – mit anderen Worten: zu bluffen. Kennen Sie die richtige Aussprache?

1 blaffn   **C**
2 blöffn   **T**
3 bluffn   **A**

20

Sie schalten Ihren Rechner ein, in einem Fenster wird Ihnen ein Java-Update angekündigt und Sie drücken auf Okay. Java® ist heute die Programmiersprache Nr. 1 der Informatiker. Es gibt allerdings Aussprachevarianten. Welche ist die gängigste?

1 dschawa mit der Betonung auf der ersten Silbe   **G**
2 jawa mit der Betonung auf der ersten Silbe   **E**
3 tschawa mit der Betonung auf der ersten Silbe   **H**

21

Diese Stecker, die aus einem Stift und einer umgebenden Hülse als zweitem Pol bestehen, wird jeder kennen, der jemals Plattenspieler, CD-Spieler oder Lautsprecher an einen Verstärker angeschlossen hat – die Cinchstecker. Die Aussprache der aus dem Englischen entlehnten ersten Silbe hat viele Varianten. Welche ist die häufigste?

1 kinsch   **E**
2 sinsch   **A**
3 tschinsch   **R**

LÖSUNGSWORT

13   14   15   16   17   18   19   20   21

Spiel 7
Wortherkunft

Ursprung und Geschichte von Wörtern, also deren Etymologie, ist das Thema dieses Kapitels. Vielen ganz alltäglichen Wörtern sehen wir es gar nicht mehr an, dass sie fremden Sprachen entlehnt sind, oder wir wissen nicht, dass sie ursprünglich etwas ganz anderes bedeutet haben. Kennen Sie die Herkunft solch unschuldiger Wörter wie »Brille« und »Sport«? Oder wissen Sie, woher das Wort »Gong« stammt? Historisch Versierte haben hier garantiert die Nase vorn.

 Die Lösungswörter sind hier Städte.

VIEL ERFOLG!

7 Wortherkunft

1 Manche uns ganz vertraute Wörter gelangten erst spät und auf Umwegen in den deutschen Wortschatz. Kennen Sie das Ursprungsland des Wortes »Gong«?

1 China
2 Malaysia
3 Japan

2 Häufig werden Erfindungen nach ihrem Entdecker benannt. Bei einem der drei Begriffe ist das nicht der Fall. Bei welchem?

1 Litfaßsäule
2 Bunsenbrenner
3 Galionsfigur

3 Oft wundert man sich, das »ganz normale« deutsche Wörter ursprünglich aus einer anderen Sprache kommen. Woher kommt etwa das Wort »nüchtern«?

1 von lateinisch *nocturnus*, »nächtlich«
2 von null im Sinne von »nichtig«
3 von lateinisch *nullita*, »überhaupt nicht«

Die meisten von uns interessieren sich sicher vor allem dafür, wie viel Geld auf ihrem Girokonto ist. Aber wissen Sie auch, woher dieses Wort kommt (und was es ursprünglich bedeutet)?

4

1 aus dem Armenischen

2 aus dem Italienischen

3 aus dem Griechischen

A
P
G

Das ist »hanebüchener Unsinn« – vielleicht haben Sie das schon mal gehört. Hanebüchen steht dabei für »grob« und »derb«. Doch woher kommt das Wort?

5

1 aus dem Hühnerstall – eine Anspielung auf die Rolle des Hahns

O

2 aus der Forst- und Holzwirtschaft – eine Anspielung auf einen bestimmten Baum

E

3 aus dem Buchdruck – eine Anspielung auf ein schlecht gebundenes Buch

A

Wieder so ein Wort, das man noch nie hinterfragt hat: Das Wort »Brille« geht zurück auf …

6

1 … den Edelstein Beryll.

2 … das Wort Brillanz.

3 … den Schriftsteller Brillat-Savarin.

L
C
V

1　　2　　3　　4　　5　　6

7

Manche alltäglichen Wörter wie »Pyjama« sind gerade mal seit 100 Jahren in unserem Wortschatz. Woher wurde es importiert?

1 aus Borneo
2 aus Indien
3 aus Brasilien

 U
 D
A

8

Als Bonzen bezeichnen wir heute gern boshaft höhere Partei- oder Gewerkschaftsfunktionäre – und meinen das nicht gerade freundlich. Wer wurde ursprünglich als Bonze bezeichnet?

1 ein habgieriger Mönch
2 ein herumziehender Steuereintreiber
3 ein buddhistischer Priester

 E
 V
A

9

Wenn man das Wort »bestechen« hört, denkt man heute – traurig, aber wahr – sofort an Politik und Behörden. Doch in welchem Bereich war es ursprünglich beheimatet?

1 in der Medizin
2 im Bergbau
3 in der Holzfällerei

 R
 N
E

Der Colt ist nach seinem Erfinder Samuel Colt benannt, der Revolver nach seiner sich drehenden *(to revolve)* Trommel. Aber woher kommt das Wort Pistole?

10

1 aus dem Amerikanischen
2 aus dem Italienischen
3 aus dem Tschechischen

Zu den originellsten deutschen Wörtern gehört zweifellos der Pumpernickel für Schwarzbrot. Aber ursprünglich war das Wort ...

11

1 ... eine Bezeichnung für Pferdefutter.
2 ... ein Schimpfwort für einen ungehobelten Menschen.
3 ... eine abwertende Bezeichnung für einen kleinen Jungen.

Wenn man jemanden an die Kandare nehmen muss, dann verheißt das nichts Gutes. Doch woher kommt das Wort Kandare?

12

1 aus dem Ungarischen
2 aus dem Spanischen
3 aus dem Slowenischen

7 8 9 10 11 12

13 **In welchem Lebensbereich kam das Wort »Rest« erstmals zur Anwendung?**

1 Im Bereich der Verpflegung
2 Im Bereich des Handels
3 Im Bereich der Leineweberei **A**

14 **Besonders als Wandfarbe liegt sie voll im Trend: taupe – ein dunkles Grau mit einem Rot- oder Braunschimmer. Aber wovon leitet sich das Wort ab?**

1 vom lateinischen Wort für Maulwurf **O**
2 von einer italienischen Gesteinsart **T**
3 von griechisch *topos* für »Platz, Ort, Stelle« **K**

15 **Eines der unten genannten Wörter ist semitischen Ursprungs. Welches?**

1 Sahne **Z**
2 Sack **N**
3 Saft **T**

Ein Norweger und eine Chinesin sind derzeit Schachwelt-meister/-in. Daran sieht man, dass das »königliche Spiel« längst auf der ganzen Welt verbreitet ist. Wissen Sie, woher das Wort »Schach« ursprünglich stammt?

16

1 aus dem Persischen — **D**
2 aus dem Sanskrit — **P**
3 aus dem Arabischen — **B**

Welches der Wörter ist nicht aus einer fremden Sprache entlehnt?

17

1 Keks — **A**
2 Tante — **E**
3 Apfel — **O**

Da wir gerade beim Obst waren … Die Bezeichnung für eine Obstsorte, die um 1500 aus China nach Europa kam, haben wir aus dem Niederländischen übernommen. Welche Obstsorte ist gemeint?

18

1 Kirsche — **V**
2 Pfirsich — **R**
3 Apfelsine — **N**

LÖSUNGSWORT

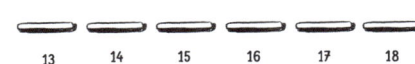

13   14   15   16   17   18

19 Der Gummibaum war in den 1950er-Jahren die Lieblings-zimmerpflanze der Deutschen. Also ein urdeutsches Wort? Mitnichten! Aus welchem Sprachkreis stammt das Wort Gummi ursprünglich?

1 aus dem Griechischen

2 aus dem Ägyptischen

3 aus dem Französischen

20 Den alten Griechen verdanken wir die Demokratie und viele große philosophische Ideen. Allerdings auch einige unserer geläufigsten Schimpfwörter. Nur eines der drei Wörter ist nicht aus dem Griechischen abgeleitet. Welches?

1 Idiot

2 Depp

3 Banause

21 Wir kennen Amok in Verbindungen wie »Amok laufen« und »Amokschütze«. Woher kommt das Wort Amok ursprünglich?

1 aus Thailand

2 aus Malaysia

3 aus Tibet

**Eine der Bezeichnungen für ein Musikinstrument kommt –
wie das Musikinstrument selbst – aus dem arabischen Raum.
Welches Instrument ist gemeint?**

22

1 Laute   **S**
2 Flöte   **W**
3 Cembalo   **A**

Wo, glauben Sie, hat das Wort »Razzia« seine Wurzeln?

23

1 in Ungarn   **T**
2 in Algerien   **B**
3 in Italien   **M**

**Schon das Wort »Sport« kommt aus dem Englischen und
ist eigentlich eine Kurzform von englisch *disport* für
»Zerstreuung, Vergnügen«. Auch viele Sportausdrücke
und Sportarten kommen aus dem Englischen. Nur bei einer
der unten genannten ist das nicht der Fall. Bei welcher?**

24

1 Boxen   **G**
2 Golf   **A**
3 Tennis   **R**

SCHON
DIE LÖSUNG?

25

Drei Wörter, die mit »t« beginnen und alle von weither stammen. Eines davon kommt aus Indien. Welches?

1 Tabu
2 Tattoo
3 Tamtam

26

Die Inuit bauten dieses schnelle Boot für die Jagd. Bei uns ist es als Freizeit- und Sportgerät beliebt. Welches Boot samt Namen haben wir den Bewohnern der Arktis zu verdanken?

1 das Kanu
2 der Kajak
3 den Katamaran

27

Manche Ausdrücke haben sich aus dem sogenannten Rotwelsch stammend, das eine Reihe kleinerer Händler- und Gaunersprachen umfasst, in unserem Wortschatz eingenistet. Welcher der Ausdrücke hat diesen Hintergrund?

1 Ramsch
2 Plunder
3 Pleite

19 20 21 22 23 24 25 26 27

Spiel 8
Synonyme

In dieser Runde geht es um sinnverwandte Wörter, sogenannte Synonyme. Sie sorgen in Texten für stilistische Abwechslung. Aber nicht immer kann man sie einfach gegeneinander austauschen. Wertungen, Bedeutungsnuancen oder Kontexte spielen da eine große Rolle. Sind »beginnen« und »anfangen« wirklich überall austauschbar? Und kann man den Hund der Nachbarin bedenkenlos als »Köter« bezeichnen? Viel Spaß im großen und vielfältigen Dschungel des deutschen Wortschatzes!

Bei den Lösungswörtern gehts hier ums Essen.

LOS GEHTS!

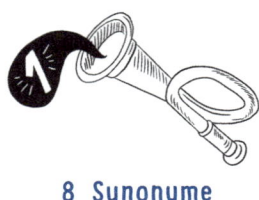

8 Synonyme

1

Das Verb »anfangen« kann in vielen Fällen durch »beginnen« ersetzt werden. In welchem der Sätze funktioniert dies allerdings nicht?

1 Das Konzert fängt um 20 Uhr an.
2 Hier fängt das Sperrgebiet an.
3 Ich kann mit diesem Theaterstück nichts anfangen. **K**

2

Was ist kein Synonym für »Lappalie«?

1 Geringfügigkeit
2 Entgleisung
3 Bagatelle **J**

3

Herr Maier ist anscheinend krank.
Was bedeutet diese Aussage?

1 Man vermutet, dass Herr Maier krank ist.
2 Herr Maier glaubt, dass er krank ist.
3 Herr Maier tut nur so, als wäre er krank.

Opernball, Hochzeiten und andere große Feste – Frauen werfen sich in Gala. Das kann man so oder so ausdrücken – welche der Synonymgruppen sind eher saloppe und umgangssprachliche Bezeichnungen?

4

1 sich aufputzen, sich fein machen
2 sich aufdonnern, sich aufbrezeln
3 sich schick machen, sich stylen

Die Bezeichnungen »Neger« und »Negerin« sind stark diskriminierend und sollten vermieden werden. Aber manchmal sind wir unsicher, welche alternativen Bezeichnungen man verwenden kann. Welche der drei ist ebenfalls negativ besetzt?

5

1 Farbige/farbig
2 Schwarze/schwarz
3 People of Color

Welche drei Wörter sind keine Synonyme für »tragbar«?

6

1 beweglich, mobil, transportabel
2 ausreichend, so lala, nicht berauschend
3 erträglich, auszuhalten, verkraftbar

1 2 3 4 5 6

7 In welchem der drei Beispiele wird das Wort »Luft« im Sinne von »Spielraum« verwendet?

1 Der Weg ist sehr steil, mir geht langsam die Luft aus. **D**
2 Sie sollte mehr an die frische Luft gehen. **G**
3 Bei seinen Leistungen ist noch Luft nach oben. **S**

8 Man kann es mit einem Stück Land ebenso wie mit einer Freundschaft machen – oder auch nicht. Eines der Wörter passt nicht für beides. Welches?

1 kultivieren **E**
2 urbar machen **A**
3 hegen **W**

9 »Ich bin frustriert« – wie leicht geht manchen dieser Satz von den Lippen, wenn etwas nicht richtig klappen will. Wir könnten das auch anders ausdrücken, im Deutschen gibt es reichlich Ersatz. Eine der Wortgruppen geht hingegen in eine völlig andere Richtung. Welche?

1 ernüchtert, zermürbt, demoralisiert **B**
2 erbost, wütend, zornig **L**
3 verärgert, entmutigt, deprimiert **E**

In unserem beruflichen Alltag müssen wir dafür sorgen, dass unsere Mitarbeiter/-innen und wir selbst immer »motiviert« sind. Wir können das auch anders ausdrücken, die deutsche Sprache bietet viele Alternativen. In einer der Wortgruppen versteckt sich allerdings ein nicht synonym zu verwendendes Wort. In welcher?

10

1 animieren, anregen, ermutigen **P**
2 beflügeln, inspirieren, forcieren **A**
3 anspornen, Lust wecken, stimulieren **C**

Was ist kein Synonym für »verkaufen«?

11

1 verscherbeln
2 verschalen
3 verschachern

Breit gefächert sind die Bedeutungen des Wortes »Note«. Die unten genannten Beispiele sind nur einige davon. Allerdings passt eine Gruppe von Begriffen nicht dazu. Welche?

12

1 Anstrich, Charakter, Eigenart **O**
2 Dilemma, Zwangslage, Schwierigkeit **I**
3 Denkschrift, Exposé, Mitteilung **A**

7 8 9 10 11 12

13 Was ist kein Synonym für »schüren«?

1 anheizen
2 aufhetzen
3 aufscheuern

P

A

K

14 Die unten genannten Wörter bezeichnen den Teil unseres Körpers, in dem sich Nase, Augen und Mund befinden. Doch die Wörter gehören verschiedenen sprachlichen Sphären an. Wir haben eine Sortierung von gehobener zu vulgärer Ausdrucksweise vorgenommen. Welche Sortierung ist gelungen?

1 Gesicht, Visage, Fresse, Fratze, Antlitz
2 Gesicht, Fresse, Antlitz, Fratze, Visage
3 Antlitz, Gesicht, Visage, Fratze, Fresse

N

T

A

15 Wie schon gesagt, sind Synonyme nicht vorbehaltlos gegeneinander austauschbar, z. B. wenn sie Wertungen enthalten. Wenn Sie etwa von einem »Köter« sprechen, dann liegt Ihnen der Vierbeiner sicherlich nicht besonders am Herzen. Eines der genannten Wörter bezeichnet allerdings keinen Hund. Welches?

1 Töle
2 Zamperl
3 Klepper

C

M

V

Für manche Wörter gibt es keine oder nur sehr wenige Synonyme, für manche sehr viele. Für welches der drei genannten Verben bietet der Duden wohl die meisten Alternativen?

1 schicken — **E**

2 schimmern — **W**

3 schlagen — **I**

In der Schule wurde uns eingebläut, in unseren Aufsätzen nicht immer dasselbe Wort für eine Sache zu verwenden. Guter Stil bedeutete Variation. In dem Satz »Das Auto *fährt* über die Autobahn« soll das kursiv gesetzte Wort ausgetauscht werden. Welche Wörter passen nicht?

17

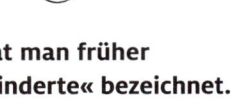

1 braust, donnert, düst — **F**

2 lenkt, manövriert, steuert — **A**

3 zuckelt, gurkt, schleicht — **M**

Einen Menschen, der im Rollstuhl sitzt, hat man früher bedenkenlos als »Behinderten« oder »Behinderte« bezeichnet. Das wird heute als diskriminierend kritisiert. Welche Bezeichnung unter den genannten ist heute die akzeptierteste?

18

1 Invalide/Invalidin — **S**

2 Mensch mit Behinderung — **R**

3 Mensch mit besonderen Bedürfnissen — **H**

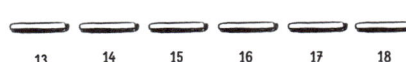

| 13 | 14 | 15 | 16 | 17 | 18 |

19 Sie tun es in diesem Moment – Sie lesen. Doch das Wort »lesen« steht noch für viele andere Bedeutungsinhalte. Eine der vorgeschlagenen Wortfolgen passt jedoch nicht. Welche?

1 durchsehen, schmökern, überfliegen, entziffern
2 abnehmen, aufheben, aufsammeln, ernten, pflücken
3 trainieren, üben, sich einprägen, wiederholen

20 Einige Lebensmittel und Gerichte sind im gesamten deutschen Sprachraum verbreitet, nur haben sie unterschiedliche Bezeichnungen. Mit welchen Ausdrücken kommt man in Österreich am schnellsten ans Ziel, wenn man ein Brötchen und einen Kloß aus gebratenem Hackfleisch kaufen möchte?

1 Schrippe und Bulette
2 Semmerl und Fleischlaberl
3 Wecken und Fleischküchel

21 Manchmal nennen Kritiker/-innen das Werk eines Künstlers oder einer Künstlerin »manieriert«. Um dieses negative Urteil auszudrücken, gibt es viele (fast) synonyme Begriffe. Einige sind hier aufgelistet, mal etwas zurückhaltender, mal etwas gröber. An einer Stelle hat sich ein unpassendes Adjektiv dazwischen gemogelt. In welcher Aufzählung hat es sich versteckt?

1 gekünstelt, gewollt, gequält, übertrieben
2 affig, geschraubt, hochgestochen, unnatürlich
3 affektiert, theatralisch, diszipliniert, konstruiert

Manche Wörter scheinen auf den ersten Blick austauschbar zu sein. Ein Beispiel ist das Wortpaar erhalten/bekommen. Ein Austausch funktioniert nur in einem der drei Sätze.

22

1 Sie hat den Nobelpreis bekommen.
2 Er hat Angst bekommen.
3 Das scharfe Essen bekommt ihr nicht.

Wer Obst einkauft, der kauft Früchte ein – Äpfel, Bananen, Birnen, Orangen. Sind die Wörter »Obst« und »Früchte« somit synonym. Wo nicht?

23

1 Im Supermarkt sind Früchte wieder sehr teuer.
2 Er wird um die Früchte seiner Arbeit gebracht.
3 Früchte sind oft sehr reich an Vitamin C.

»Arme Ritter« ist eine einfache, bei Kindern beliebte, meist süße Speise aus eingeweichten alten Brötchen oder Weißbrotscheiben. Sie ist unter regional unterschiedlichen Namen bekannt. Eine der Bezeichnungen passt allerdings nicht dazu. Welche?

24

1 Blinder Fisch
2 Fotzelschnitten
3 Scheiterhaufen

25

Die Adjektive »eng« und »schmal« können in vielen Fällen ausgetauscht werden. In einem Fall ist »eng« jedoch ungebräuchlich. In welchem?

1 Die Durchfahrt ist eng. **T**
2 Sie hat eine enge Taille. **L**
3 Das T-Shirt ist besonders eng geschnitten. **A**

26

Manchmal hilft ein Synonym dabei, einen belasteten Ausdruck zu ersetzen. Welcher der drei Ausdrücke für Menschen ohne Wohnung ist am wenigsten mit abwertenden Nebenbedeutungen belastet?

1 Obdachloser **E**
2 Stadtstreicher **N**
3 Penner **J**

27

Der »letzte Schrei« in der Mode kann, obwohl unhörbar, dennoch ziemlich laut sein. Denken Sie nur an die jeweiligen Modefarben einer Saison. Aber man muss ja nicht alles mitmachen. Eines der Synonyme hat einen abwertenden Beiklang. Welches?

1 en vogue **O**
2 angesagt **A**
3 neumodisch **I**

LÖSUNGSWORT

19 20 21 22 23 24 25 26 27

Spiel 9
Sprachliche Zweifelsfälle

Die Deutschen gelten als pedantisch. Das ist auch in der Sprache nicht anders. Man will korrekt sein, fragt sich aber immer wieder: Ja, wie denn nun? In dieser Runde geht es um einige der zahlreichen Zweifelsfälle der deutschen Rechtschreibung und Grammatik: groß oder klein, getrennt oder zusammen, mit »d« oder »t« am Ende? Ein Buchstabe, ein Komma, ein Bindestrich können einen großen Unterschied machen. Treffen Sie die richtige Entscheidung!

 Die Lösungswörter entstammen in dieser Runde der Grammatik.

AUF EIN NEUES!

9 Sprachliche Zweifelsfälle

1

Die Endungen -and und -ant sorgen manchmal für Verwirrung. In einem Fall hat man unten tatsächlich auf das falsche Pferd gesetzt. In welchem?

1 Konfirmant, Konfirmantin

2 Debütantin, Debütant

3 Diplomand, Diplomandin

2

Adjektive, die auf -bar oder -fähig enden, werden gerne verwechselt. An einer Stelle ist das prompt auch passiert. An welcher?

1 Die Firma ist nicht lieferfähig.

2 Die Ware ist lieferbar.

3 Die Ware ist lieferfähig.

3

In den folgenden drei Sätzen müssen die Lücken gefüllt werden. In welche Lücke passt das Wort »bedeutsam«?

1 Sie ist eine ... Verlegerin.

2 Diese Entscheidung war sehr ...

3 Die Auszeichnung geht an eine ... Persönlichkeit.

Der Bindestrich dient als Ergänzungsstrich bei zusammengesetzten Wörtern und Ableitungen, wenn ein gemeinsamer Bestandteil nur einmal genannt wird. Oft ist es gar nicht leicht, diese Regel umzusetzen. In welchem der drei Sätze ist es gelungen?

4

1 An dieser Stelle kann man geradeaus, vor oder zurückfahren.
2 An dieser Stelle kann man geradeaus-, vor- oder zurückfahren.
3 An dieser Stelle kann man geradeaus, vor- oder zurückfahren.

Nur einer der unten aufgeführten Sätze ist grammatisch korrekt. Welcher?

5

1 Du und er habt euch gefreut.
2 Du und er haben sich gefreut.
3 Du und ich haben sich gefreut.

Kann man Farbbezeichnungen eigentlich steigern? Gibt es ein Mehr oder Weniger von Blau, Gelb, Rot, Grün? Tatsächlich können Farbadjektive gesteigert werden, aber nicht immer. Wo funktioniert es nicht?

6

1 Das Meer wirkt heute noch blauer als gestern.
2 Der Sonnenuntergang hier ist noch dunkelröter als der an der Ostsee.
3 Das ist schwärzester Undank!

1   2   3   4   5   6

7 **In diesem Buch sind Sie an knifflige Aufgaben langsam gewöhnt – oder gewohnt? Ja, was denn nun?**

1 Es geht beides ohne Unterschied.
2 Es muss »gewöhnt« heißen. **P**
3 Es muss »gewohnt« heißen. **A**

8 **Die deutsche Sprache ist so weltoffen, dass sie immer wieder Einbürgerungen vornimmt, die oft nach einiger Zeit an deutsche Schreibgewohnheiten angepasst werden. Bei einer der drei Tierbezeichnungen wurde die Anpassung allerdings wieder zurückgenommen. Bei welcher?**

1 Känguru
2 Grislibär
3 Delfin

9 **Zusammen oder getrennt – das ist immer wieder die Frage. In einem Fall war die Entscheidung falsch. In welchem?**

1 Pünktlichkeit wird bei uns nicht so groß geschrieben.
2 Substantive werden im Deutschen groß geschrieben.
3 Teamarbeit wird bei uns großgeschrieben.

Es liegt in der Entscheidung des Betrachters, ob er ein Glas als »halb leer« oder »halb voll« ansieht. Aber muss es nicht vielmehr »halbleer« und »halbvoll« heißen? Was meinen Sie?

1 Man muss die Wörter tatsächlich zusammenschreiben. **B**

2 Beide Schreibweisen sind zugelassen. **M**

3 Die Wörter müssen getrennt geschrieben werden. **R**

Welche zeitliche Bestimmung ergänzt den Satz orthografisch nicht korrekt?

Bis heute ist die Musik der … sehr beliebt.

1 6oer-Jahre **H**

2 60-er-Jahre **A**

3 6oer Jahre **N**

»Seit« und »seid« werden oft falsch geschrieben. In welchem der Sätze hat sich ein Fehler versteckt?

1 Seit ihr hier seid, seid ihr zufrieden. **Q**

2 Ihr seid seit 20 Jahren verheiratet. **B**

3 Seit bitte pünktlich und lasst uns nicht warten! **L**

13 **Wann es bei einem Vergleich »wie« und wann »als« heißt, sorgt immer wieder für Unsicherheiten. In einem Satz ist die Verwendung standardsprachlich nicht korrekt. In welchem?**

1 Man hat mit ihm nichts wie Ärger.
2 Nichts ist so schön wie ein frischer Blütenzweig.
3 Er ist viel höflicher als du.

14 **Das Kino ist immer wieder für Überraschungen gut. Nur einmal klappt es nicht so ganz mit der Grammatik. In welchem Satz?**

1 Dies war einer der schönsten Filme, den ich je gesehen habe.
2 Dies war der schönste Film, den ich je gesehen habe.
3 Dies war einer der schönsten Filme, die ich je gesehen habe.

15 **Wie heißen auf Deutsch die männlichen Staatsbürger von Burkina Faso?**

1 Burkiner
2 Burkianer
3 Burkinabe

Eine korrekte Anrede ist gerade bei offiziellen Briefen wichtig. Mit welchem der folgenden Briefanfänge machen Sie keinen guten Eindruck?

16

1 Hallo Petra, deinen Brief habe ich erhalten. **S**
2 Sehr geehrte Damen und Herren! Heute erhielt ich Ihr Schreiben ... **K**
3 Sehr geehrte Frau und Herr Müller, hiermit sende ich Ihnen ... **I**

Viele neuere Wörter sind dem Englischen bzw. Amerikanischen entlehnt. Welche Verbform ist im Deutschen nicht gebräuchlich?

17

1 Ich loade mir das Programm später down.
2 Hast du schon das Spiel downgeloadet?
3 Das neue Update wird über Nacht gedownloadet.

Einer der Sätze ist grammatikalisch falsch. Welcher?

18

1 Sie haben den Verunglückten liegenlassen. **A**
2 Sie haben den Verunglückten liegen lassen. **V**
3 Sie haben den Verunglückten liegen gelassen. **K**

SCHON DIE LÖSUNG?

19 **Irgendwas ist hier falsch, oder? Finden Sie den Fehler!**

1 Irgendjemand hat hier irgendetwas versteckt. **E**
2 Irgend so ein Dummkopf hat das Fenster offen gelassen. **A**
3 Das könnte ja mal irgend jemand anderes machen! **T**

20 **Im alten Rom sollen die Gladiatoren vor Beginn des Kampfes den Satz »morituri te salutant« gesagt haben. Welche Übersetzung ist richtig geschrieben?**

1 Die Totgeweihten grüßen dich. **B**
2 Die tot Geweihten grüßen dich. **G**
3 Die Todgeweihten grüßen dich. **I**

21 **»Wie viele« schreibt man getrennt, »wieviel« zusammen. Was sagen Sie zu dieser Aussage?**

1 Man schreibt beides getrennt. **V**
2 Man schreibt beides zusammen. **N**
3 Das stimmt. **H**

| 13 | 14 | 15 | 16 | 17 | 18 | 19 | 20 | 21 |

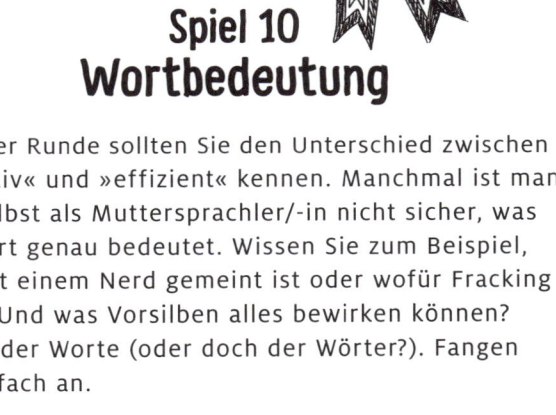

Spiel 10
Wortbedeutung

In dieser Runde sollten Sie den Unterschied zwischen »effektiv« und »effizient« kennen. Manchmal ist man sich selbst als Muttersprachler/-in nicht sicher, was ein Wort genau bedeutet. Wissen Sie zum Beispiel, was mit einem Nerd gemeint ist oder wofür Fracking steht? Und was Vorsilben alles bewirken können? Genug der Worte (oder doch der Wörter?). Fangen Sie einfach an.

Bei den Lösungswörtern habe wir es diesmal mit Musikern zu tun.

LOOOS!

10. Wortbedeutung

1

Die Adjektive in den folgenden Sätzen stammen von dem lateinischen Verb *sentire* ab, haben also alle etwas mit Gefühlen zu tun. Eines hat die Bedeutung »leicht reizbar, heikel, instabil«. In welchem Satz findet sich dieses Adjektiv?

1 Das Kind ist sehr sensibel, du solltest weniger mit ihm schimpfen. **N**

2 Der Waffenexport in sensitive Regionen wird unterbunden. **C**

3 Die Texte seiner Lieder sind sehr sentimental. **D**

2

Vergleichen Sie die folgenden Sätze. Erkennen Sie einen Bedeutungsunterschied? Und wenn, welchen?
Seine Reaktion ist fraglich. Seine Reaktion ist fragwürdig.

1 Eigentlich bedeuten beide Sätze nahezu dasselbe. **E**

2 Im ersten Satz weiß man noch nicht, ob und wie der Betreffende reagieren wird. Im zweiten Satz hat er bereits reagiert, man bewertet seine Reaktion aber kritisch. **H**

3 Im ersten Satz hat der Betreffende bereits reagiert, man bewertet seine Reaktion aber kritisch. Im zweiten Satz weiß man noch nicht, wie der Betreffende reagieren wird. **M**

3

Die Adjektive »offen« und »auf« sind leicht zu verwechseln. In welchem Satz wird das falsche Adjektiv verwendet?

1 Die Fenster waren die ganze Nacht lang auf. **O**

2 Die Türen stehen ganz weit offen. **W**

3 Mach doch mal die Tür auf! **K**

Die Wörter »auslosen« und »verlosen« bedeuten beide, dass man durch Los einen Gewinn ermittelt. Sie haben jedoch einen feinen Bedeutungsunterschied. In einem der Sätze wurde dieser nicht berücksichtigt. In welchem?

4

1 Wir verlosen, wer das Buch zuerst lesen darf. **P**
2 Als Hauptpreis wird ein Auto verlost. **E**
3 Bei der Tombola gibt es attraktive Preise zu gewinnen – ausgelost wird ab 20 Uhr. **G**

Welche der drei Formulierungen hat nicht das Ergebnis im Blick, sondern die Methode, mit der man es erzielt?

5

1 Wie effektiv ist Werbung im Internet? **G**
2 Wie effizient ist Werbung im Internet? **I**
3 Was bringt dir die Werbung im Internet effektiv? **A**

Die Sache ist ziemlich verwirrend. In einem der Sätze passt das Adjektiv »diffus« nicht. In welchem?

6

1 Sie schildert ihre Schmerzen als ... **B**
2 Er war heute ganz ..., als er zur Arbeit kam. **N**
3 Das Licht in diesem Raum ist ziemlich ... **E**

LÖSUNGSWORT

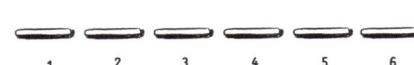

1   2   3   4   5   6

7 **In einem der Sätze lässt sich »umsonst« nicht durch »vergebens« ersetzen. In welchem?**

1 Ich bin umsonst hingegangen, es war niemand zu Hause. **J**
2 Wir durften umsonst bei ihm mitfahren. **M**
3 Sie hat sich umsonst bemüht, es wird nichts daraus werden. **G**

8 **Nur einer der Sätze ergibt – zumindest sprachlich – Sinn. Welcher?**

1 Es gibt rationelle Gründe, das Projekt einzustellen. **H**
2 Es gibt rationale Gründe, das Projekt einzustellen. **A**
3 Es gibt rationalistische Gründe, das Projekt einzustellen. **D**

9 **Welches Präfix kann man dem Adjektiv »böse« nicht voranstellen, um seine Bedeutung zu verstärken?**

1 erz- **E**
2 kreuz- **H**
3 bitter- **A**

In welchem Bereich ist vom Shorttrack die Rede?

10

1 in der Geologie B

2 im Eisschnelllauf L

3 in der GPS-Navigation H

Die Wörter »Ablauf« und »Verlauf« sind in manchen Fällen austauschbar. In welchem der drei Sätze ist das nicht der Fall?

11

1 Nach Ablauf dieser Frist sind Änderungen nicht mehr möglich. E

2 Wir informieren Sie über den Ablauf des heutigen Programms. W

3 Die Polizei sorgte für einen reibungslosen Ablauf der Demonstration. K

Wie lautet das Gegenteil von offensiv?

12

1 deduktiv L

2 definitiv W

3 defensiv R

| 7 | 8 | 9 | 10 | 11 | 12 |

13 Vorsilben können die Bedeutung eines Wortes verändern oder verstärken. Bei welchem der drei Wörter fungiert »Blitz-« nicht als verstärkende Vorsilbe?

1 Blitzkarriere **W**
2 Blitzmerker **E**
3 Blitzableiter **B**

14 Was versteht man unter dem Begriff »Biopiraterie«?

1 die unrechtmäßige Inanspruchnahme eines Biosiegels zur Steigerung der Verkäuflichkeit **R**
2 die Nutzung biologischer Ressourcen ohne Zustimmung der jeweiligen Ursprungsländer **E**
3 eine Verletzung des Urheberrechts im Bereich Life Science **A**

15 Ändert sich die Bedeutung, wenn Sie in dem Satz »Die beiden Monteure der Firma fahren dasselbe Fahrzeug« dasselbe durch das gleiche ersetzen?

1 Nein, die Bedeutung ändert sich nicht. Es handelt sich in beiden Fällen um ein und *dasselbe* Firmenauto, das die zwei Monteure abwechselnd benutzen. **G**
2 Ja. Wenn man *das gleiche* einsetzt, fahren die Monteure Autos desselben Typs; es handelt sich aber um zwei unterschiedliche Fahrzeuge. Wenn man *dasselbe* lässt, handelt es sich um ein einziges Auto. **E**
3 Ja, denn *dasselbe* sagt nur aus, dass es sich um ein Auto des gleichen Typs handelt, es können aber zwei Fahrzeuge sein; mit *das gleiche* ist ein einziges Auto gemeint. **F**

Was versteht man unter »Fracking«?   16

1 das Aufspalten von Gestein mit Chemikalien und hohem
   Wasserdruck zur Gewinnung von Gas oder Erdöl   **T**
2 die Methode, ein Gas- oder Ölvorkommen durch eine
   horizontale Bohrung zu erschließen   **A**
3 das Auffüllen von erschöpften Gas- oder Erdölkavernen mit
   Wasser   **H**

**Das Wort »Wort« hat zwei Pluralformen, die sich allerdings
in ihrer Bedeutung unterscheiden. Nur in einem der Beispiel-
sätze wurde die richtige Pluralform gewählt. In welchem?**   17

1 Dieser Satz besteht aus sechs Worten.   **T**
2 Der Text ist gespickt mit mir unbekannten Wörtern.   **H**
3 Seine letzten Wörter galten seiner Mutter.   **M**

**Die Fälscher und Verfälscher sind unterwegs.
In welchen Satz passt eine vom Verb
»verfälschen« abgeleitete Form?**   18

1 Der Personalausweis war …   **P**
2 Seine Schilderung gibt eine … Darstellung vom tatsächlichen
   Ablauf.   **O**
3 Ihre Spezialität war es, 50-Euro-Scheine zu …   **E**

19 **In welchem der Sätze wird »Eingabe« oder »Eingebung« in der Bedeutung von »schriftlich abgefasste Beschwerde« verwendet?**

1 Einer plötzlichen Eingebung folgend, schaute sie nach dem Baby.

2 Die Eingabe der Daten am Computer nimmt viel Zeit in Anspruch.

3 Der Verbraucherschutzbund möchte eine Eingabe an das Ministerium machen. **V**

20 **Sicher haben Sie das Wort »Nerd« schon mal gehört. Wissen Sie auch, was es bedeutet? Es bezeichnet …**

1 … einen erwachsenen jungen Mann, der noch immer bei seiner Mutter lebt. **M**

2 … einen jungen Mann, der immer nach der letzten Mode gekleidet ist. **R**

3 … einen sehr intelligenten, aber sozial isolierten Computerfreak. **E**

21 **Was bedeutet es eigentlich, wenn man von einem Staat sagt, er sei souverän?**

1 Dass er ein gewähltes Staatsoberhaupt besitzt. **E**

2 Dass er unabhängig ist. **N**

3 Dass er Mitglied der UNO ist. **W**

| 13 | 14 | 15 | 16 | 17 | 18 | 19 | 20 | 21 |

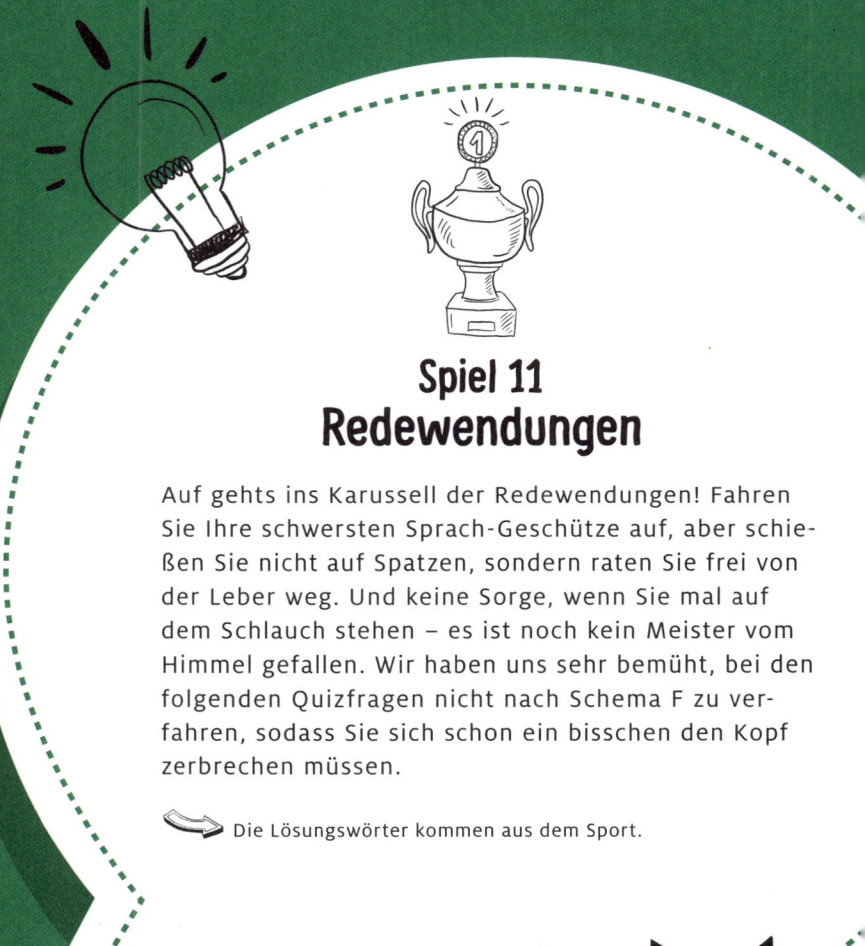

Spiel 11
Redewendungen

Auf gehts ins Karussell der Redewendungen! Fahren Sie Ihre schwersten Sprach-Geschütze auf, aber schießen Sie nicht auf Spatzen, sondern raten Sie frei von der Leber weg. Und keine Sorge, wenn Sie mal auf dem Schlauch stehen – es ist noch kein Meister vom Himmel gefallen. Wir haben uns sehr bemüht, bei den folgenden Quizfragen nicht nach Schema F zu verfahren, sodass Sie sich schon ein bisschen den Kopf zerbrechen müssen.

Die Lösungswörter kommen aus dem Sport.

NUR MUT!

11 Redewendungen

1

Wenn jemand gegen etwas relativ Geringfügiges mit unverhältnismäßig harten Maßnahmen vorgeht, dann schießt er mit Kanonen auf …

1 … Schwalben.
2 … Mäuse.
3 … Spatzen.

C
B
K

2

Was ist gemeint, wenn jemand »vom Leder zieht«?

1 Er bedroht jemanden.
2 Er schimpft heftig über etwas oder jemanden.
3 Er verprügelt jemanden.

S
A
Z

3

Was bedeutet es, wenn man jemandem einen Bärendienst erweist?

1 Man tut ihm einen Riesengefallen.
2 Man will ihm etwas Gutes tun, richtet aber Schaden an.
3 Man gibt vor, ihm etwas Gutes tun zu wollen, hat aber Böses im Sinn.

F
R

O

Wenn sich jemand mit Kind und Kegel auf die Reise begibt, was sind dann die Kegel?

4

1 Das steht für die Spielesammlung, die man immer dabeihat, falls sich die Kinder langweilen sollten.

2 Neben den eigenen Kindern nimmt man auch noch deren Freunde und Freundinnen mit auf die Reise.

3 Man fährt mit der ganzen Familie und nimmt jede Menge Gepäck mit.

Es gibt Situationen, in denen man besonders gut aufpassen muss, damit einem nichts entgeht. Da heißt es dann: »Aufpassen wie ein Heftelmacher!«. Was aber ist ein Heftelmacher?

5

1 Ein Heftelmacher ist ein Buchbinder, der genau darauf achten muss, dass er die Seiten in der richtigen Reihenfolge zusammenheftet. **D**

2 Ein Heftelmacher war früher in einer Schneiderei für die kleinen Haken und Ösen zuständig, mit denen Mieder und Korsagen zusammengehalten wurden. **T**

3 Heftelmacher ist ein abfälliger Ausdruck für einen Angehörigen der Presse, der ständig nach Sensationen und Neuigkeiten Ausschau hält. **G**

Sie schütten das Kind mit dem Bade aus. Was ist damit gemeint?

6

1 Sie werfen Dinge weg, die eigentlich noch Wert besitzen. **W**

2 Sie vernachlässigen Ihr Kind, weil Sie von etwas vermeintlich Wichtigerem in Anspruch genommen werden. **K**

3 Sie beseitigen mit etwas Schlechtem zugleich etwas Gutes. **E**

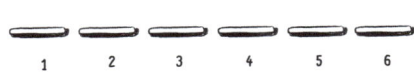

1 2 3 4 5 6

7

Er macht seinen Unterricht nach Schema F, also völlig un-inspiriert. Woher kommt dieser Ausdruck ursprünglich?

1 aus der Bürokratie   **E**
2 aus dem Militär   **A**
3 aus der Schifffahrt   **F**

8

Immer wieder werden Redewendungen im alltäglichen Gebrauch durcheinandergeworfen. In einer der Redensarten stimmt etwas nicht. In welcher?

1 Ich zieh dir gleich die Ohren stramm.   **I**
2 Er hat es faustdick hinter den Ohren.   **C**
3 Jetzt sperr mal die Ohren auf!   **O**

9

Wenn Sie einen Rochus auf jemanden haben, dann sind Sie ...

1 ... auf ihn wütend.   **K**
2 ... auf ihn eifersüchtig.   **C**
3 ... auf ihn neidisch.   **P**

»Honi soit qui mal y pense« (»Verachtet sei, wer Arges dabei denkt«) ist der Wahlspruch ...

10

1 ... der Freimaurer.   N

2 ... des Malteserordens. P

3 ... des Hosenbandordens. I

In verzwickten, scheinbar ausweglosen Situationen hofft mancher auf einen rettenden »Deus ex Machina«. Woher kommt dieser Ausdruck ursprünglich?

11

1 aus dem Theater D

2 aus der Biologie M

3 aus der Politik E

Was bedeutet es, wenn mir jemand ein X für ein U vormacht?

12

1 Er oder sie will, dass ich an einer bestimmten Stelle mein Kreuz mache. F

2 Er oder sie will mich täuschen. O

3 Er oder sie will mir etwas besonders teuer verkaufen. P

7   8   9   10   11   12

13

Mit der Wendung »ein Gang nach Canossa« begeben wir uns ins tiefste Mittelalter. Was ist heute damit gemeint?

1 ein ernstes Gespräch mit einem Untergebenen · **U**
2 ein entwürdigendes Bittgesuch · **T**
3 ein besonders umständlicher und langwieriger Prozess · **A**

14

Eine Schwalbe macht noch keinen Sommer – manche kennen diese Redensart vielleicht noch aus einem alten Schlager. Wissen Sie, wie es in dem Lied weitergeht?

1 … und ein Kuss muss nicht die große Liebe sein. · **E**
2 … und ein Flirt muss nicht die große Liebe sein. · **W**
3 … und unser Weg muss hier nicht zu Ende sein. · **R**

15

Wie bewertet jemand eine Unternehmung, wenn er sie als »Ritt über den Bodensee« bezeichnet?

1 als eine besonders waghalsige Unternehmung · **N**
2 als eine zwar riskante, aber Erfolg versprechende Unternehmung · **C**
3 als eine Unternehmung, die unweigerlich scheitern wird · **O**

Können Sie die folgende Redewendung vervollständigen? Wer andern eine Grube gräbt, ...

16

1 ... ist selber schuld.
2 ... macht viel verkehrt.
3 ... fällt selbst hinein.

Wann bekommt man sprichwörtlich rechteckige Augen?

17

1 Wenn man zu viel liest.
2 Wenn man vor Müdigkeit die Augen mit Klammern offen
halten muss.
3 Wenn man viele Stunden vor dem Monitor verbracht hat.

Viele Redewendungen stammen aus der Bibel. Manchmal weiß man aber nicht, in welchem Zusammenhang sie dort vorkommen. Wissen Sie, wer als Erster seine Hände in Unschuld wusch und damit für die Redewendung Pate stand?

18

1 Jesus
2 Pontius Pilatus
3 der Apostel Johannes

LÖSUNGSWORT

13   14   15   16   17   18

19 **Wo wir gerade dabei sind: Wo landen Sie eigentlich, wenn Sie von Pontius zu Pilatus laufen?**

1 im Nirgendwo **B**
2 immer wieder an ihrem Ausgangpunkt **J**
3 auf sehr umständlichen Wegen vielleicht doch am Ziel **E**

 20 **Was versteht man eigentlich unter einer Ehe zur linken Hand?**

1 eine arrangierte Ehe **U**
2 eine wilde Ehe **T**
3 eine nicht standesgemäße Ehe **I**

21 **Wenn etwas ausgeht wie das Hornberger Schießen, dann endet es …**

1 … unentschieden. **H**
2 … mit einer vernichtenden Niederlage. **P**
3 … ohne Ergebnis. **S**

Noch einmal geht es um verdrehte Redensarten. Unter den drei aufgeführten ist nur eine korrekt. Welche?

22

1 Öl auf die Mühlen gießen **T**
2 den Teufel an die Wand werfen **A**
3 nur mit Wasser kochen **H**

Schön, wenn es ihn gäbe, den Nürnberger Trichter. Was würde er dann leisten?

23

1 Er würde uns reich machen. **E**
2 Er würde uns schlau machen. **O**
3 Er würde uns schön machen. **N**

Es gibt Tausende von Redensarten, die sich um Körperteile drehen. Um welchen geht es in diesen drei sprichwörtlichen Wendungen?

24

der ... der Zeit; einen ... zulegen; jemandem den ... ziehen

1 Nerv
2 Zahn
3 Bart

25

Auf welche deutsche Stadt bezieht sich die Redewendung »Hinner der Wart hört die Welt uff«?

1 auf Bremen
2 auf Düsseldorf
3 auf Frankfurt

 26

Wenn man eine Sau durchs Dorf treibt, dann will man …

1 … zu einem Dorffest mit Speis und Trank einladen.
2 … Aufmerksamkeit erregen.
3 … einen derben Spaß machen.

27

Wann immer ein großer Fortschritt erzielt wurde, wird das gerne verglichen mit …

1 … einem Bombenwurf.
2 … einem Quantensprung.
3 … einem Brückenschlag.

19 20 21 22 23 24 25 26 27

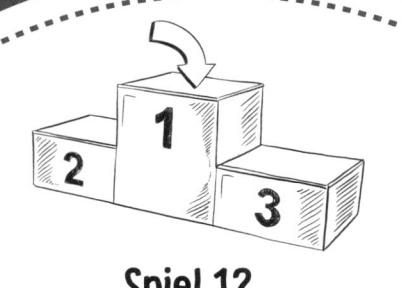

Spiel 12
Zitate und Aussprüche

Jetzt geht es um Aussprüche, die Flügel bekommen haben. Markante Worte von Dichtern und Denkern, Zitate von Politikern, Schauspielern und Schauspielerinnen, Zeilen aus Filmen und Liedern. Wer hat die sprichwörtliche Verbindung von Sorgen und Likör gestiftet? Auf wen geht die wirkungsmächtige Metapher des »Eisernen Vorhangs« zurück? Das sind alles keine Peanuts. Strengen Sie Ihren Verstand ein letztes Mal an. Hakuna Matata!

 Bei den Lösungswörtern handelt es sich um Namen von Schriftstellern und Schriftstellerinnen.

VIEL GLÜCK!

12 Zitate und Aussprüche

1

Eine verwundbare, empfindliche Stelle eines Menschen – auch im übertragenen Sinne – ist nach einem Helden der antiken Mythologie benannt. Wie heißt er?

1 Herakles **T**
2 Achilles **S**
3 Sisyphus **J**

2

Wenn jemand von »Beckmesserei« spricht, was ist damit nicht gemeint?

1 besondere Sorgfalt **A**
2 kleinliche Kritik **D**
3 pedantische Schulmeisterei **N**

3

So ist das leider bei Verleumdung oder übler Nachrede – es bleibt immer etwas hängen. Wer hat diese Redensart geprägt?

1 Francis Bacon **P**
2 Aristoteles **C**
3 Dante Alighieri **K**

Was bedeutet es, wenn von jemandem gesagt wird, dass sie oder er mit einer Aktion oder einem Vorschlag »die Büchse der Pandora« öffne?

1 Dass das Vorhaben sicher glücklich ausgehen wird. **M**
2 Dass es besondere Eile hat. **E**
3 Dass damit Unheil und Not verbunden sind. **P**

Auf wen geht der Ausspruch zurück: »Wer Sorgen hat, hat auch Likör«?

5

1 Christian Morgenstern **E**
2 Wilhelm Busch **H**
3 Heinrich Heine **Q**

In der deutschen Synchronisation eines amerikanischen Kultfilms fällt gegen Ende der Satz »Das ist der Beginn einer wunderbaren Freundschaft«. Welcher Film ist gemeint?

6

1 Casablanca **O**
2 Jenseits von Eden **B**
3 Manche mögen's heiß **H**

1　2　3　4　5　6

7

Eine der zentralen Metaphern des Kalten Kriegs (1949–1989) war der »Eiserne Vorhang«. Wer sorgte maßgeblich für die Verbreitung dieses wirkungsmächtigen Bildes?

1 Charles de Gaulle **E**
2 Konrad Adenauer **A**
3 Winston Churchill **S**

8

In der 1970er-Jahren beginnt ein Spruch der Frauenbewegung mit »Eine Frau ohne Mann ist wie ...«. Womit wird diese Situation verglichen?

1 ... ein Wald ohne Bäume. **F**
2 ... ein Topf ohne Deckel. **D**
3 ... ein Fisch ohne Fahrrad. **A**

9

»Nullachtfünfzehn« ist zum Ausdruck geworden für etwas, das banal und gänzlich unoriginell ist. Wissen Sie, was damit ursprünglich gemeint war?

1 ein einfaches Kleidungsstück **C**
2 ein Maschinengewehr **R**
3 ein einmotoriges Flugzeug **M**

Die lateinische Redewendung *per aspera ad astra*, übersetzt »auf rauen Wegen zu den Sternen«, geht auf eine antike Tragödie zurück. Kennen Sie den Dichter?

10

1 Plautus   **B**
2 Seneca   **T**
3 Terenz   **M**

Bei Goethe findet sich ein Satz, der – leicht abgewandelt – wie folgt beginnt: »Man merkt die Absicht ...«. Können Sie ihn ergänzen?

11

1 ... und man ist verstimmt.   **R**
2 ... und man ist erzürnt.   **P**
3 ... und man ist vergnügt.   **C**

Aus welchem der Dramen Friedrich Schillers stammt folgendes Zitat: »Ich hab hier bloß ein Amt und keine Meinung«?

12

1 Die Räuber   **T**
2 Wallenstein   **E**
3 Maria Stuart   **H**

LÖSUNGSWORT

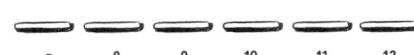

7   8   9   10   11   12

13 Von wem ist der beliebte Spruch »Und jedem Anfang wohnt ein Zauber inne«?

1 Hermann Hesse
2 Paul Celan
3 Ingeborg Bachmann

 A
R
 P

14 »Man hört in der Welt leichter ... als eine Antwort.« Welches Wort fehlt in diesem Aphorismus von Jean Paul (1763–1825)?

1 eine Frage
2 einen Vorwurf
3 ein Echo

 P
 I
 U

15 »Beam me up, Scotty!« war in einer Science-Fiction-Serie die Aufforderung, mittels einer Apparatur entmaterialisiert und an einem anderen, fernen Ort sogleich wieder rematerialisiert zu werden. Welche Serie ist gemeint?

1 Raumpatrouille
2 Star Trek
3 Star Wars

O
S
 E

»Hakuna Matata« – dieser Gute-Laune-Spruch war 2013 auf Platz 5 der Jugendwörter des Jahres. Was bedeutet er?

16

1 Freie Fahrt!
2 Keine Probleme!
3 Habt Spaß!

»Im Schlafwagen kommt man nicht an die Macht« – mit diesem Vergleich wollte ein Politiker seine Partei aufrütteln. Wer und wann war das?

17

1 Jürgen Todenhöfer, 1978 auf einem Parteitag der CDU
2 Willy Brandt, 1968 auf einem Parteitag der SPD
3 Erich Mende, 1965 auf einem Parteitag der FDP

Aus welchem Stoff sind in dem gleichnamigen Märchen von Hans-Christian Andersen »Des Kaisers neue Kleider« gefertigt?

18

1 aus Seide
2 aus Brokat
3 aus Luft

| 13 | 14 | 15 | 16 | 17 | 18 |

19 Nicht nur das 2006 erschienene Buch mit dem Titel »Ich bin dann mal weg« von Hape Kerkeling war ein Millionenbestseller, auch der gleichnamige Kinofilm 2015 war sehr erfolgreich. Worauf bezieht sich eigentlich dieser Titel?

1 auf seinen Auszug aus dem Elternhaus
2 auf seinen Abschied vom Showgeschäft
3 auf seine Wanderung nach Santiago de Compostela

20 Einer der zentralen Grundsätze des Strafprozessrechts ist in der Formel *ne bis in idem* erfasst. Was ist damit gemeint?

1 Dass man vor Gericht zu einer einmal gemachten Aussage stehen soll.
2 Dass man nicht ein zweites Mal für dieselbe Sache verurteilt werden kann.
3 Dass man sich vor Gericht nicht unnötig wiederholen sollte.

21 Die Vertreter der Studenten- und APO-Bewegung gaben in den 1960er-Jahren, bevor sie den »langen Marsch durch die Institutionen« antraten, manchen lockeren Spruch zum Besten. Vom wem stammt die Wendung »Wenn's der Wahrheitsfindung dient«?

1 Rudi Dutschke
2 Werner Langhans
3 Fritz Teufel

»Peanuts«, das englische Wort für Erdnüsse und im übertragenen Sinne für Kleinigkeiten, wurde 1994 zum Unwort des Jahres gewählt. Wissen Sie, wer dafür verantwortlich war?

22

1 Jürgen Schneider, Immobilienunternehmer   **G**
2 Jürgen Ponto, der Vorstandssprecher der Dresdner Bank AG   **J**
3 Hilmar Kopper, der Vorstandssprecher der Deutschen Bank AG   **C**

Was versteht man unter Reptilienfonds?

23

1 Geldmittel für den Unterhalt zoologischer Gärten   **K**
2 geheime Dispositionsfonds   **H**
3 die Streikfonds der Gewerkschaften   **R**

Was will man zum Ausdruck bringen, wenn man von jemandem sagt, er sei ein »unbeschriebenes Blatt«?

24

1 Er ist unschuldig.   **D**
2 Er ist unbekannt und möglicherweise unerfahren.   **T**
3 Er ist sehr jung.   **P**

LÖSUNGSWORT

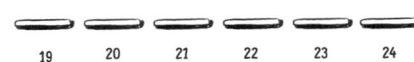

19   20   21   22   23   24

25 Was will jemand nicht sagen, wenn er die Liedzeile »Es waren zwei Königskinder« zitiert?

1 Dass zwei Menschen, die sich lieben, endlich zusammengefunden haben.
2 Dass zwei Menschen, die sich lieben, ertrunken sind.
3 Dass zwei Menschen, die sich lieben, nicht zusammenkommen können.

26 Auf wen geht die Redensart »Die Würfel sind gefallen!« zurück?

1 Augustus
2 Cäsar
3 Nero

27 Welchem Politiker wird der launige Satz »Wer Visionen hat, sollte zum Arzt gehen« zugeschrieben?

1 Helmut Schmidt
2 Norbert Blüm
3 Franz Josef Strauß

138

Für welches Produkt wurde mit dem Slogan »... dann klappts auch mit dem Nachbarn!« geworben?

28

1 Ritter Sport
2 Calgonit
3 Axe Deodorant

H
K
D

Das Vokalensemble »Comedian Harmonists« hatte 1930 mit einem Schlager, der mit »Veronika ...« anfing, in Deutschland großen Erfolg. Wie geht er weiter?

29

1 ... der Mai ist da.
2 ... der Fritz ist da.
3 ... der Lenz ist da.

N
P
M

Ein 1848 von Karl Marx und Friedrich Engels veröffentlichtes Manifest beginnt mit der Behauptung, dass Europa von einem Gespenst heimgesucht werde. Was für ein Gespenst ist gemeint?

30

1 das Gespenst des Kapitalismus
2 das Gespenst der Revolution
3 das Gespenst des Kommunismus

O
W
A

31 Wenn man nur zwischen zwei Übeln wählen kann, befindet man sich sprichwörtlich zwischen ...

1 ... Szylla und Charybdis.
2 ... Sibylla und Charybdis.
3 ... Skylla und Charisma.

32 Mit wem brachte Max Frisch in seinem satirischen Theaterstück, das 1953 zunächst als Hörspiel im Bayerischen Rundfunk ausgestrahlt wurde und 1958 in Zürich erstmals auf die Bühne kam, den Haarwasserfabrikanten Gottlieb Biedermann zusammen?

1 mit den bösen Frauen
2 mit den Brandstiftern
3 mit den Göttern

33 Nach dem Fürsten Grigorij Aleksandrowitsch Potemkin – russisch »patjómkin« ausgesprochen – sind die »Potemkinschen Dörfer« benannt. Was ist damit gemeint?

1 Dörfer, die besonders sehenswürdig sind
2 Dörfer, die nur aus prächtigen künstlichen Fassaden bestehen
3 Dörfer, die nur provisorisch aufgebaut wurden

| 25 | 26 | 27 | 28 | 29 | 30 | 31 | 32 | 33 |

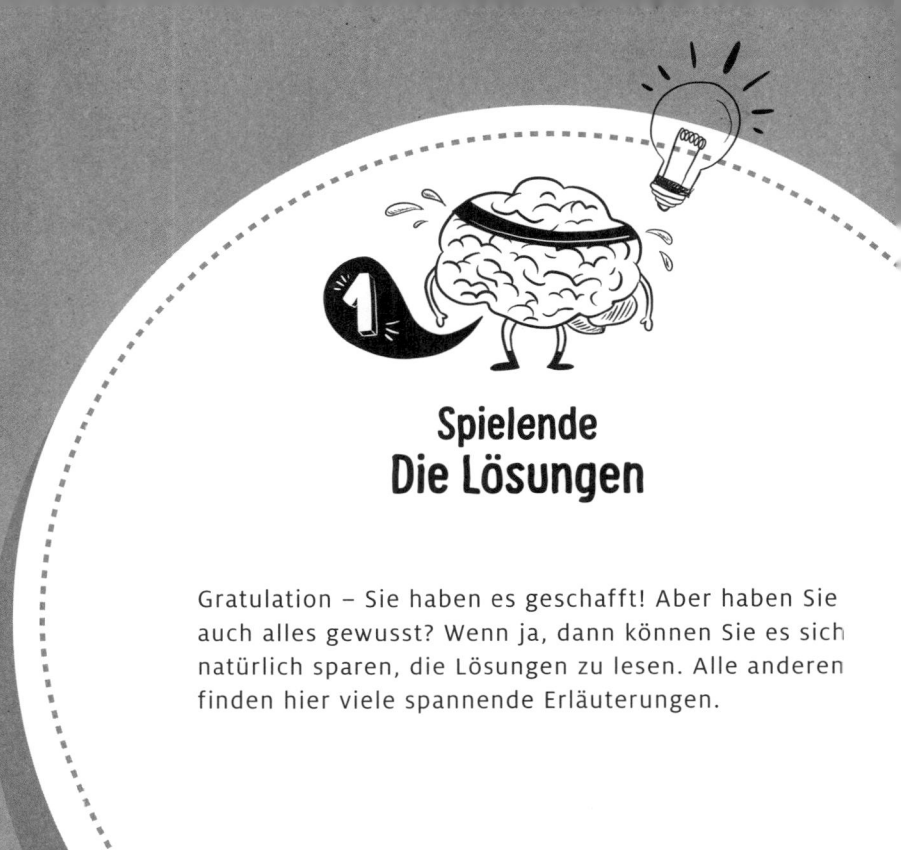

Spielende
Die Lösungen

Gratulation – Sie haben es geschafft! Aber haben Sie auch alles gewusst? Wenn ja, dann können Sie es sich natürlich sparen, die Lösungen zu lesen. Alle anderen finden hier viele spannende Erläuterungen.

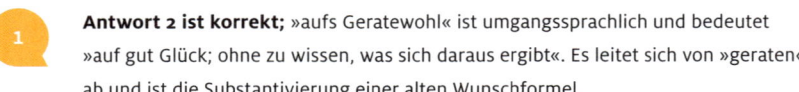

1   **Antwort 2 ist korrekt;** »aufs Geratewohl« ist umgangssprachlich und bedeutet »auf gut Glück; ohne zu wissen, was sich daraus ergibt«. Es leitet sich von »geraten« ab und ist die Substantivierung einer alten Wunschformel.

2   **Lösung 1 ist korrekt.** »Firma XY« ist hier Dativ-Objekt (wem?), das sich auf »verkaufen« bezieht. In Satz 3 bezieht sich das Dativobjekt auf »gelingen«; hier ist Firma XY der Programmentwickler und Sie sorgen sich um deren Verkaufserfolg. Das Komma macht deutlich, ob das Objekt zum Hauptsatz oder zur Infinitivgruppe gehört. Der zweite Satz ist mehrdeutig, weil das Komma fehlt.

3   **Der Fehler befindet sich in Satz 2;** »falsch gespielt« muss getrennt geschrieben werden, da mit »falsch« die Qualität ihres Spielens gemeint ist. In den Sätzen 1 und 3 hat das Verb die übertragene Bedeutung »betrügen« angenommen. Die Regel dazu lautet: Wenn die Verbindung von Adjektiv und Verb eine neue, als solche verfestigte Gesamtbedeutung ergibt, schreibt man zusammen.

4   **Der Fehler hat sich in Antwort 3 versteckt.** Es muss »Widerpart« heißen, da es um »Gegnerschaft« geht. Die Grundbedeutung von »wieder« ist »nochmals, erneut«, während »wider« in der Grundbedeutung »gegen« meint.

5   **Antwort 1 ist korrekt.** Das Wort leitet sich her von lateinisch *accuratus*, »sorgfältig«, zu *accurare*, »mit Sorgfalt tun«, was wiederum von *curare*, »kurieren, sorgen für«, kommt.

6   **Antwort 3, Reißverschluss, ist korrekt.** Nach langem Vokal oder Diphthong (hier »ei«) wird »ß« geschrieben (es sei denn, in anderen Wortformen wird das »s« stimmhaft wie z. B. bei »Haus« zu »Häuser«, »Gras« zu »Gräser«). Auf einen betonten kurzen Vokal folgt immer »ss«.

7   **Antwort 2 ist korrekt.** Email oder Emaille ist ein Schmelzüberzug zum Schutz oder zur Verzierung metallischer Oberflächen.

Im Satz 2 sind beide Zahlwörter falsch geschrieben. »Zwei« ist eine Grundzahl, die klein geschrieben wird, während die substantivierte Ordinalzahl »der Dritte« – auch erkennbar an dem Artikel »der« – großgeschrieben wird.

8

Beispiel 2 ist nicht korrekt. Eine Kleinigkeit fehlt: der Abstand zwischen dem Wort »Wand« und den Auslassungspunkten, denn diese stehen für (gedachte) Wörter mit dem üblichen Wortabstand. Korrekt wäre also: Der Horcher an der Wand … (der Schlusspunkt unmittelbar nach den Auslassungspunkten muss dann wegfallen). Beispiel 1 ist korrekt, hier geht es um eine Wortvervollständigung, also um das Ersetzen von Buchstaben, die direkt anschließen. 3 ist in wissenschaftlichen Texten üblich; die Klammern sind allerdings nicht zwingend.

9

Das gesuchte Wort findet sich in Antwort 3. Das Wort »pipen« muss richtig »piepen« geschrieben werden. Es kommt in der umgangssprachlichen Wendung »es ist zum Piepen« (für »es ist zum Lachen«) vor.

10

Beispiel 2 ist fehlerhaft: Es heißt richtig »Brechts Gedichte«. Der Apostroph ist überflüssig. In Beispiel 1 endet die Grundform des Namens bereits auf »s«, sodass der Apostroph hier die Genitiv-Endung »s« ersetzt (gilt auch, wenn der Name auf ss, ß, tz, z, x, ce endet). Der Apostroph in Beispiel 3 ist zumindest möglich. Er macht deutlich, dass es Andrea ist, die gedichtet hat, nicht Andreas.

11

Antwort 3 (68er-Generation) ist korrekt. In Zusammensetzungen aus Ziffer plus Suffix als erstem Bestandteil der gesamten Fügung muss ein Bindestrich gesetzt werden. Bei Antwort 1 ist das »ig« überflüssig, da diese beiden Buchstaben mit der Ziffer 68 (gelesen: achtundsechzig) bereits gegeben sind.

12

Nur Antwort 1 ist korrekt. »Flüssigwasserstoff« bildet eine Einheit, die nicht getrennt werden darf. »Flüssigwasserstofftank« in einem Wort ist jedoch auch zulässig.

13

Beispiel 1 ist fehlerhaft. Es muss heißen: 400-m-Lauf. Bindestriche werden in Zusammensetzungen mit einzelnen Buchstaben und Ziffern immer gesetzt.

14

15

1 ist nicht korrekt. Man schreibt getrennt, wenn der erste Bestandteil auch in zwei Wörtern geschrieben werden kann. Die anderen beiden Lösungen sind also richtig.

16

Beispiel 1 ist nicht regelkonform – »angst« ist hier ein Adjektiv, das in Kombinationen mit »sein, werden, bleiben« klein geschrieben wird. Ein guter Test ist die Ergänzung mit »bange«, das funktioniert nur beim Adjektiv: »Mir war/wurde angst (und bange).« In den beiden anderen Sätzen ist »Angst« ein Substantiv und wird demnach großgeschrieben.

17

Satz 3 ist die richtige Antwort. Die zeitliche Bestimmung ist ein ganz normaler Teil des Satzes, es müssen also keine Kommas gesetzt werden. In Satz 1 handelt es sich bei »vor allem Romane« um einen Zusatz (Apposition), der durch Kommas abgetrennt werden muss. »Deine Mutter« in Satz 2 ist in dieser Satzstellung vor den eigentlichen Satz geschoben worden und das Pronomen »die« nimmt das Satzglied wieder auf. Um diese Hervorhebung zu markieren wird ein Komma benötigt.

18

Satz 2 ist richtig, da »mein Bruder« ein nachgestellter Zusatz (Apposition) zu Hannes ist, weshalb es sich nur um zwei Personen handelt. Laut Satz 1 ziehen drei Personen ein. In Satz 3 fehlt auf jeden Fall mindestens ein Komma.

19

Antwort 1 ist falsch. Das Wort wird mit zwei »f« und nur einem »t« geschrieben. Es ist vom italienischen *graffito* (eigentlich »das Gekratzte«) übernommen und kann im Deutschen »der« oder »das« Graffito heißen, aber auch die Singularform »das Graffiti« ist inzwischen erlaubt. Meist verwendet man die italienische Pluralform »Graffiti«, aber auch »Graffitis« hat sich eingebürgert.

20

1 ist nicht korrekt. Von Personennamen abgeleitete Adjektive werden generell klein geschrieben. Alternativ werden Adjektive auf -sch großgeschrieben, wenn die Grundform des Namens durch einen Apostroph verdeutlicht wird.

21

Antwort 3 (äsen) ist korrekt. Das Wort stammt aus der Jägersprache und bedeutet »weiden, fressen«. 1 gibt es nicht, während »aasen« ein umgangssprachliches Wort für »verschwenderisch mit etwas umgehen« ist.

1 ist nicht korrekt, da das reflexive »sich« nur mit dem vom Verb abgeleiteten Partizip I »befindende« funktioniert, wie es in Antwort 2 der Fall ist. Aus Verben abgeleitete Wörter auf -lich sind Adjektive, die nicht reflexiv sein können.

22

Antwort 3 ist korrekt. Es handelt sich um eine Verschmelzung aus dem Superlativ von »gut« mit dem Adjektiv »bezahlt«. Daher wird der Ausdruck zusammengeschrieben (im Gegensatz zu: »der am besten bezahlte Manager«) und benötigt keine zusätzliche Superlativendung wie in Antwort 2.

23

Satz 1 enthält die falsche Schreibung. Hier müsste (wie in Satz 3) die Konjunktion »dass« stehen. In Satz 2 ist »das« ein Relativpronomen, das sich auf »Argument« bezieht; es könnte durch »welches« ersetzt werden – das ist der Test für dieses Pronomen. Die 3 Sätze unterscheiden sich allerdings, was die mögliche Vervollständigung des Satzes anbelangt: In Satz 1 (mit korrekter Schreibung) und 2 kann es mit dem Hauptsatz weitergehen »..., ist belanglos für unser weiteres Vorgehen«, wobei die Bedeutung unterschiedlich ist. In Satz 3 benötigt der Nebensatz noch eine untergeordnete Ergänzung, ehe der Hauptsatz folgen kann, z. B. »... worum es eigentlich geht, ist belanglos für unser weiteres Vorgehen«.

24

2 ist falsch. Zwar schreibt man von geografischen Namen abgeleitete Adjektive auf -isch klein, aber nicht, wenn sie Teil eines Namens sind. Die Europäische Zentralbank (EZB) ist aber wie die Europäische Union ein Eigenname; deshalb wird »Europäische« in diesen Fällen großgeschrieben.

25

Antwort 2 ist falsch, denn von geografischen Namen abgeleitete Wörter auf -er schreibt man immer groß. Die von geografischen Namen abgeleiteten Adjektive auf -isch schreibt man klein, außer, wenn sie, wie in Beispiel 1, substantiviert sind. Andere Beispiele sind Schweizer Käse und Frankfurter Würstchen im Unterschied zu holländischen Tomaten.

26

27

3 ist falsch. »Nur« ist hier adverbial verwendet im Sinne von »lediglich, ausschließlich«. Es schränkt das Zufriedensein des Hundes ein und gehört daher zum Hauptsatz. Folglich muss das Komma nach »nur« gesetzt werden wie in Satz 1. In Satz 2 bilden »nur« und »wenn« gemeinsam die Einleitung des Nebensatzes und sollen als Einheit verstanden werden. Das Komma darf nur *vor* der Fügung gesetzt werden.

28

Antwort 2 ist richtig. Mit Fond ist der Bratensaft gemeint; dasselbe Wort bezeichnet auch den Rücksitz im Wagen sowie einen Hinter- oder Untergrund. Antwort 1 mit »s« im Singular bezeichnet ein Paket von Wertpapieren oder Anteilen (z. B. Aktienfonds, Immobilienfonds). Ein Font wiederum ist ein Zeichensatz digitaler Schriften (z. B. Times oder Helvetica).

29

Im Satz 1 ist die Kommasetzung korrekt. Gleichrangige Wörter oder Wortgruppen werden bei »sowohl – als auch« nicht durch Komma getrennt; »aber« ist eine entgegensetzende Konjunktion und erfordert deshalb ein Komma.

30

2 ist korrekt: das oder der (österreichisch) Katheder. Daher stammt auch der Ausdruck *ex cathedra* für »vom [päpstlichen] Stuhl« in der Bedeutung »aus päpstlicher Vollmacht; unfehlbar«. Der Katheter (1) ist ein röhrenförmiges medizinisches Instrument zur Einführung in Körperorgane (z. B. Blasenkatheter, Herzkatheter) von lateinisch *catheter*, abgeleitet von griechisch *katheter* für »Sonde«. Katheten (3) nennt man die beiden kürzeren Seiten eines rechtwinkligen Dreiecks, die den rechten Winkel einschließen; die dem rechten Winkel gegenüberliegende Seite nennt man Hypotenuse.

31

Antwort 3 (deutsch »Leuchtdiode«) ist korrekt. LED-Anzeigen, diese kleinen grünen oder roten Lämpchen, sind heute überall zu finden. Das LED-Prinzip findet heute auch Anwendung bei Monitoren und Bildschirmen sowie bei Leuchtmitteln.

32

3 ist korrekt. Es heißt richtig »Reparaturen« wie entsprechend »reparieren«. »Größere« wird wegen des Langvokals davor mit »ß« geschrieben und es muss grammatisch korrekt heißen »einen Tag«.

»Schweinbraten« (2) gibt es nicht. 1 ist in Teilen Süddeutschlands, in Österreich und der Schweiz die übliche Bezeichnung; 3 ist die in weiten Teilen Deutschlands übliche Bezeichnung.

33

1 ist richtig. Bei Infinitivgruppen, die durch ein hinweisendes Wort angekündigt oder wieder aufgenommen werden, muss ein Komma gesetzt werden.

34

»Friseuse« (3) ist umgangssprachlich noch zu hören, gilt aber als veraltet. Die Formen »Frisörin« und »Friseurin« sind beide standardsprachlich; der Duden gibt 2 den Vorzug. Ähnlich verhält es sich im Übrigen mit der Masseurin und der Masseuse – nur dass es sich bei der Zweiten oft um eine weniger seriöse Dienstleisterin handelt.

35

Antwort 1 (Sperenzien) ist korrekt. Auch korrekt wäre Sperenzchen, nicht aber die Varianten mit »i« in der ersten Silbe. Das Wort leitet sich ab vom mittellateinischen *sperantia* für »Hoffnung«. Es meint in diesem Fall, dass man hofft, etwas zu erreichen, indem man sich ziert.

36

Antwort 1 ist korrekt. Ein Ass ist in Österreich außerdem ein umgangssprachlicher Ausdruck für »Abszess, Eitergeschwür«. Die Schreibung Aß ist nicht zulässig, das »ß« steht nur nach Langvokalen und Diphthongen. Die dritte Lösung, Aas, bezeichnet einen Tierkadaver, der sich schon in Verwesung befindet.

37

2 ist korrekt. Obolus geht auf griechisch *obolós* zurück, wir verwenden jedoch die latinisierte Form auf -us. Ein Obolus war der sechste Teil der alten Drachme. Heute ist mit dem Wort eine kleine Geldspende gemeint.

38

3 ist richtig. Postskriptum wird heute ganz ohne Punkte als PS abgekürzt. Es handelt sich hier um ein Buchstabierwort, das auch beim Vorlesen »pee äss« ausgesprochen wird. Ob man nach PS noch einen Doppelpunkt setzt oder einfach nur ein Leerzeichen, bleibt den Schreibenden überlassen.

39

40 **Falsch ist die Trennung von Bistum (2).** Hier ist nur Bis-tum möglich. Bei 1 und 3 gibt es viele Möglichkeiten zu trennen: Ki-li-ma-nd-scha-ro, Ka-ta-s-t-ro-phe.

41 **Die Schreibung Reflexion (2) ist korrekt;** das Wort leitet sich ab von lateinisch *reflexio* (»das Zurückbeugen«) und wird deshalb mit »x« geschrieben.

42 **Antwort 2 enthält einen Fehler.** »Regierend« ist Teil der Amtsbezeichnung und wird deshalb großgeschrieben (wie in 1), ähnlich wie bei den Amtsbezeichnungen »Leitender Akademischer Direktor«, »Heiliger Vater« oder »Königliche Hoheit«. 3 ist ebenfalls korrekt, weil »regierend« hier kein Teil einer Amtsbezeichnung ist, sondern ein unterscheidendes Attribut, was durch den Zusatz »zurzeit« deutlich wird.

43 **Richtig ist 1.** Renommee kommt vom Französischen *renommée*, das die gleiche Bedeutung hat. Es handelt sich um das substantivierte Partizip II von *renommer* für »wiederernennen oder wählen; immer wieder nennen, loben« mit dem Unterschied, dass es im Französischen weibliches, im Deutschen sächliches Geschlecht hat: das Renommee, aber *la renommée*.

44 **2 ist richtig.** Traditionell wird der griechische Buchstabe Theta (Θ, ϑ) im Deutschen mit »th« umgeschrieben; inzwischen sind aber auch die eingedeutschten Varianten »Panter« und »Tunfisch« erlaubt.

45 **Nur der dritte Satz ist korrekt.** Der Gedankenstrich ist länger als der Bindestrich und wird mit vorausgehendem und folgendem Leerzeichen gesetzt.

46 **Antwort 1 stimmt: High Fidelity wird immer getrennt geschrieben.** Die Regel lautet: Ist der erste Bestandteil ein Adjektiv, kann zusammengeschrieben werden, wenn die gemeinsame Hauptbetonung auf dem ersten Bestandteil liegt, wie z. B. bei Hotspot oder Blackbox. Andernfalls gilt in Anlehnung an die Herkunftssprache nur Getrenntschreibung. Verbindungen aus zwei Substantiven wie in 2 werden zusammengeschrieben Bei Verbindungen aus Verb und Partikel sind Zusammen- und Bindestrichschreibung möglich, also Count-down und Countdown.

3 ist korrekt. Bei derartigen mehrteiligen, mit Bindestrich verbundenen Fügungen schreibt man das erste Wort und den Infinitiv am Ende groß, ebenso alle darin enthaltenen Substantive.

47

2 ist regelkonform. Auch nach einer wörtlichen Rede mit einem Ausrufe- oder Fragesatz steht nach dem schließenden Anführungszeichen ein Komma. In 3 fehlen die Anführungszeichen; diese sind bei wörtlicher Rede aber notwendig.

48

Nur Akupunktur (1) ist korrekt; es wird nur mit einem »k« geschrieben, da das Wort mit »akut« verwandt ist. Der Akkumulator, kurz auch »Akku«, wird mit zwei »k« geschrieben, da er sich von lateinisch *accumulare* (»anhäufen«) ableitet. Akustik schreibt sich dagegen wieder nur mit einem »k«. Das Wort kommt von griechisch *akoustikós* (»das Gehör betreffend«).

49

3 ist korrekt. »Endlich« bedeutet, dass etwas an einem »Ende« angekommen ist. Alle von »Ende« abgeleiteten Wörter werden deshalb mit »d« geschrieben: Endfassung, Endergebnis, endgültig, endlos. Die Vorsilbe »ent-« wird immer mit »t« geschrieben und bedeutet häufig, dass etwas rückgängig gemacht oder in einen ursprünglichen Zustand zurückgeführt wird.

50

In Antwort 3 sind alle Wörter richtig geschrieben bis auf »ekstatisch«. Das Wort leitet sich von griechisch *ekstasis* ab, wörtlich »das Außersichgeraten«, das auch »(religiöse) Verzückung, höchste Begeisterung« bedeutet. In der Aussprache unterscheidet sich die Buchstabenfolge »eks-« nicht von »ex-«.

51

Satz 3 ist korrekt. Im Wort Kommissar werden das »m« und das »s« verdoppelt, weil es sich von lateinisch *commissus* (»beauftragt«), dem Partizip II von *committere*, ableitet. Komitee hingegen geht auf das französische *comité* zurück und wird deshalb nur mit einem »t« und einem »m« geschrieben.

52

53

Variante 2 stimmt. Das Wort ist eine Übernahme von französich *ouverture*, das abgeleitet von *ouvert* (»offen«) auch »Öffnung« (z. B. in einer Mauer) bedeuten kann. Die Aussprache des ins Deutsche übernommenen Wortes folgt dem Französischen: Die beiden ersten Buchstaben »Ou« werden daher »u« gesprochen, der Umlaut »ü« stellt sicher, dass wir auch die dritte Silbe richtig aussprechen.

54

Falsch ist Antwort 1. Wenn die feminine Form mit einem Umlaut gebildet wird (Bischöfin), ist eine verkürzte Doppelnennung nicht möglich, da es ja keinen gleichlautenden Wortteil gibt, auf den man sich beziehen könnte. Das sogenannte Binnen-I und der Genderstern sind offiziell nicht erlaubt, aber sehr gebräuchlich.

55

Satelliten (1) ist korrekt. Das Wort leitet sich ab von lateinisch *satelles* (»Leibwächter, Trabant«). Bevor die Menschen künstliche Satelliten ins All geschickt haben, bezeichnete der Ausdruck Himmelskörper, die einen Planeten umkreisen, mithin also Monde. Im übertragenen Sinne werden damit abschätzig Staaten bezeichnet, die in ihren Entscheidungen von einem anderen Staat abhängig sind.

56

In Satz 1 muss »soviel« zusammengeschrieben werden, weil es eine Konjunktion ist – wie in Satz 2. In allen anderen Verbindungen wird »so viel« getrennt geschrieben.

57

2 (projizieren) ist richtig. Es leitet sich von lateinisch *proicere* (»vorwärtswerfen, hervortreten lassen, hinwerfen«) ab. Der Projektor als »Bildwerfer« schreibt sich mit »e«; das Wort ist eine neulateinische Bildung, abgeleitet vom Partizip II *proiectum*. Heute ist im Übrigen auch der direkt von der Gerätebezeichnung abgeleitete Ausdruck »beamen« üblich.

2 passt nicht: Entscheidungen werden nicht gemacht, die Kernbedeutung von »machen« ist ja »herstellen«, Entscheidungen sind jedoch keine Produkte. Entscheidungen kann man (3) fällen (wie übrigens auch Urteile) oder treffen (1).

1

1 ist nicht standardsprachlich. Ausreden kann man mit vielen Attributen kombinieren – sie können dumm, billig, lahm oder lächerlich (2) sein; »minderwertig« kommt bei Produkten, Waren zum Einsatz: minderwertiges Material, minderwertiges Fleisch. Die Formulierung in (3) gilt als gehoben.

2

3 ist korrekt, denn wenn jemand sich auf etwas beschränkt, dann ist damit schon eine Eingrenzung bezeichnet. Mit einem zusätzlichen »nur« (2) oder »lediglich« (1) gewinnt der Satz keine weitere Information, sondern enthält dann einen Pleonasmus, also eine Doppelung sinngleicher Wörter.

3

Antwort 2 ist richtig. »Beschuldigt« verlangt ein Objekt im Genitiv.

4

3 ist nicht stimmig. Das unbestimmte »in« legt nahe, dass hier von irgendeinem Konsortium die Rede ist, dessen Namen nicht bekannt ist (oder das zumindest noch nicht genannt wurde). Im ersten Satz wird aber das Konsortium genannt. Deshalb ist 2 mit dem bestimmten »im« (= in dem) stilistisch besser.

5

Antwort 3 ist falsch. Das adjektivisch gebrauchte Partizip II von »erhöhen« kann nicht gesteigert werden.

6

2 ist nicht korrekt. »Sich bezeichnen« verbindet sich mit »als« wie in 1 und 3. »Für« ist nicht korrekt; es müsste dann heißen: »Sie hält sich für besonders verantwortungsvoll.«

7

In Satz 1 ist »verbittert« nicht korrekt verwendet; korrekt wäre wie in Satz 2 »erbittert«, das auch durch das Synonym »hartnäckig« ersetzt werden könnte. »Verbittert« ist ein Mensch, den schwere Erlebnisse geprägt haben (er hat ein »verbittertes Gesicht«). Dementsprechend ist Satz 3 korrekt.

8

9

Satz 2 ist nicht stimmig. Das Verb »beziffern« verträgt sich nicht mit ungenauen Angaben, da »Ziffer« einen konkreten Betrag erwarten lässt. Richtig wäre zum Beispiel: »Die Verluste beliefen sich auf eine sehr hohe Summe.«

10

Satz 3 ist falsch: Das Partizip II »betroffen« kann nur in passivem Sinn verwendet werden: »der von Hochwasser betroffene Ort«, aber nicht aktivisch: »das den Ort betroffene Hochwasser«. Es müsste dann heißen: »das Hochwasser, das den Ort betroffen hat«.

11

Satz 2 funktioniert nicht: Die Verwendung von »gehörig« im Sinne von »zu jemandem, etwas gehörend« ist nicht korrekt. In Satz 1 hat das Adjektiv die Bedeutung »gebührend«. In Satz 3 dient es als Verstärkungspartikel in der Bedeutung von »sehr deutlich«.

12

3 ist korrekt. Die Verbindung von »insofern« mit »dass« oder »weil« ist nicht korrekt.

13

Satz 2 gilt als umgangssprachlich. Medikamente werden ja »gegen« eine Beschwerde eingesetzt, nicht »für« (obwohl diese Form häufig zu hören ist). Cremes können »gegen Sonnenbrand« oder »für den Schutz der Haut« eingesetzt werden.

14

Nur 2 ist korrekt. »Niedergelassen« darf in attributiver Verwendung nur bei medizinischen Berufsbezeichnungen (niedergelassene Chirurgen, Neurologen, Hebammen usw.) verwendet werden, in allen anderen Fällen ist das nicht erlaubt.

15

Die Formulierung »nördlich Berlin« (3) ist nicht korrekt. Die Form »nördlich Berlins« wäre möglich, ist aber selten. Bei geographischen Bezeichnungen ohne Artikel ist die Form mit »von« wie in 2 üblich. Ist jedoch ein Artikelwort vorhanden, dann erfordert die Präposition den Genitiv mit der entsprechenden Flexionsendung wie in 1.

2 ist falsch, denn das Adverb »sogleich« kann nicht (wie ein Adjektiv) attributiv gebraucht werden. In den beiden anderen Sätzen ist »sogleich« Adverb; es beschreibt die Tätigkeit, die im Verb »erledigen« ausgedrückt ist, genauer.

16

Satz 3 ist nicht korrekt. Die Präposition »statt« erfordert zwar normalerweise den Genitiv wie in 1 (»statt seines Freundes«), kann sich aber auch mit dem Dativ verbinden, wenn der Genitiv nicht erkennbar ist wie in 2 (»statt Hüten«). Der Dativ wird auch gewählt, wenn neben dem von »statt« abhängigen Genitiv ein weiterer Genitiv steht. Deshalb beginnt Satz 3 korrekt mit: »Statt Mutters klugem Plan ...«

17

1 ist richtig. Nach »umgekehrt« wird in der Standardsprache das Folgende mit »als« angeschlossen; »wie« ist umgangssprachlich, ebenso wie »als wie«.

18

Nur in Satz 2 ist ein Austausch ohne Bedeutungsänderung möglich: »Das bereitet mir Schwierigkeiten.« Satz 1 müsste umgebaut werden: »Ich hoffe, dass Sie damit nicht in Schwierigkeiten kommen/geraten.« In Satz 3 wird deutlich, dass das Wort »Problem« neben »Schwierigkeit« auch so viel wie »schwierige [ungelöste] Aufgabe, schwer zu beantwortende Frage, komplizierte Fragestellung« bedeutet.

19

2 ist korrekt. Fleisch ist leider manchmal zäh wie Leder. Mit Gummi wird primär Dehnbarkeit assoziiert, mit Quark seine matschige Konsistenz; der Vergleich mit Fleisch ist unüblich.

20

3 ist richtig. Es ist weniger eine Sache des Stils als vielmehr der Logik: Wer in Salzburg aussteigt, bleibt entweder dort, weil das sein Zielort ist, oder reist weiter, steigt zum Beispiel um in einen anderen Zug, weil er noch nicht am Ziel ist.

21

2 ist hier nicht passend. Das reflexive Verb »sich sorgen um jemanden oder etwas« bedeutet so viel wie »sich Sorgen machen«. Das tun beispielsweise Eltern, wenn ihr Kind nicht zum verabredeten Zeitpunkt nach Hause kommen. Es verspricht aber kein Engagement der Schule für die umworbenen Schüler. Nur Satz 1 und 3 vermitteln, dass die Schule verspricht, aktiv etwas zum Schulerfolg ihrer Schüler und Schülerinnen beizutragen.

22

23

1 ist nicht korrekt, »Prozent« funktioniert hier als Maßeinheit und hat – wie Kilogramm, Liter, Meter, Euro – keinen Plural. Die Mehrzahl gibt es nur in der umgangssprachlichen Verwendung »ich bekomme Prozente« für »ich bekomme Rabatt«. Bei Zahlen größer als 1 ist es üblich, dass das Verb auch in die Mehrzahl gesetzt wird (2); doch auch der Singular wie in 3 ist zulässig, wenn wie hier ein Gleichsetzungsnominativ im Singular (»eine solide Mehrheit«) oder ein Substantiv im Nominativ Singular folgt (»10 Prozent Energie geht verloren«).

24

3 ist nicht korrekt, da »bezichtigen« ein Genitiv-Objekt erfordert. Oder man schließt einen erweiterten Infinitiv (1) an.

25

Nur »unlösbar (2) funktioniert. Gewisse Stoffe sind in Wasser »löslich« wie Salz, und andere sind es nicht, wie zum Beispiel Fette, sie sind also in Wasser »unlöslich«.

26

Nur 3 ist richtig: Ein mit »bedürfen« verbundenes Objekt steht immer im Genitiv. Die Verbindung mit Akkusativ (1) ist veraltet, aber noch gelegentlich zu hören, die mit Dativ (2) ist schlicht falsch.

27

Variante 3 ist falsch. Man kann sich oder jemanden vor oder gegen etwas schützen, aber nicht bei.

28

Satz 1 ist falsch. Es müsste »inklusive der Fahrten« heißen, da die Präposition »inklusive« in den meisten Fällen einen Genitiv nach sich zieht. Ein allein stehendes starkes Substantiv nach »inklusive« bleibt im Singular meist endungslos wie in 2. Den Dativ setzt man häufig bei allein stehenden, stark gebeugten Substantiven im Plural, etwa »... inklusive Gläsern«.

29

Fortsetzung 1 ist korrekt. Auf die Präposition »dank« kann der Dativ oder der Genitiv folgen. Der Apostroph in 3 ist falsch. Er wird nur bei Eigennamen, die im Nominativ auf einen s-Laut enden, gesetzt, um den Genitiv zu verdeutlichen, z. B. in Ringelnatz' Gedichte.

Richtig ist Antwort 3. Die Formulierung »meines Ermessens nach« hört man immer öfter; sie hat sich analog zu »meiner Ansicht nach« herausgebildet. Die Verbindung von »nach« mit Genitiv ist allerdings bis jetzt nicht anerkannt. 2 ist eine Bildung analog »meines Erachtens«; sie ist jedoch auch nicht korrekt.

Antwort 3 ist falsch. In keinem Fall folgt auf »je« ein Dativ. Der auf »je« folgende Nominalausdruck ohne Artikel steht vielmehr meist im Akkusativ (2). »Je« kann aber auch wie ein Adverb gebraucht werden und hat dann keinen Einfluss auf die folgende Konstruktion (1).

Antwort 3 ist unüblich. In Verbindung mit dem Verb »sein« wird das Leergut meist mit der Präposition »auf« angeschlossen (1). Sonst ist auch der Anschluss mit »für« gebräuchlich (2).

Das falsche Wort steckt in Antwort 2. Die Wirtschaft kann kriseln, in der großen Koalition kann es kriseln, aber die Konjunktur üblicherweise nicht.

1

Antwort 2 ist korrekt; Uranus ist der drittletzte Planet, der erst spät entdeckt wurde (1781 von Wilhelm Herschel). Der Bereich zwischen Mars und Jupiter wird Planetoiden- oder Asteroidengürtel genannt. Der neunte Planet Pluto gilt heute allerdings nur noch als Zwergplanet, weil man in dieser Raumregion, dem Kuipergürtel, inzwischen mehrere ähnlich große Himmelskörper entdeckt hat. Die anderen Planeten sind Neptun und Jupiter.

2

Die Bezeichnung »Isobaren« (2) ist korrekt. Die Vorsilbe »iso-« bedeutet »gleich«, »bare« ist abgeleitet von altgriechisch *barýs* für »schwer«. Die anderen Begriffe gehören zu Landkarten. Als Isobathen werden die Tiefenlinien bezeichnet, die in Seen oder Meeren Bereiche gleicher Tiefe kennzeichnen; Isohypsen steht für Höhenlinien.

3

Antwort 2 ist richtig, die Vorhänge sind horizontal beweglich. Abbildung 1 zeigt den deutschen, vertikal beweglichen Vorhang, Abbildung 3 den vertikal beweglichen und gerafften französischen Vorhang.

4

Es handelt sich um Mitochondrien (2). Der Golgi-Apparat ist unter anderem zuständig für die Bildung und Speicherung von Hormonen und Transmitterstoffen, während die Ribosomen die zentralen Organellen für die Herstellung von Proteinen sind.

5

Antwort 2 ist richtig. Die Latten sorgen für die Stabilität des Segels, während die Pinne der Hebelarm des Steuerruders ist, mit dem man die Jolle lenkt.

6

3 ist korrekt. Abgebildet ist eine Brakteat Kaiser Friedrichs I. Barbarossa. Dieser einseitig geprägte Pfennig diente bis ins 14. Jahrhundert hinein im deutschsprachigen Raum als Zahlungsmittel; der Begriff leitet sich ab von *bractea* »dünnes Metallblech«. Abbildung 1 zeigt eine Tetradrachme aus dem 5. Jahrhundert v. Chr., Tetra- bedeutet vier, es handelt sich daher um eine Vierdrachmenmünze; die stilisierte Eule ist das Symbol der Göttin Athene; Abbildung 2 stellt einen Solidus dar (von lateinisch *solidus*, »fest, zuverlässig«), eine Goldmünze aus der Zeit Kaiser Konstantins (Römisches Reich, 4. Jahrhundert n. Chr.). Der Solidus war bis ins hohe Mittelalter die Leitwährung in ganz Europa und im Mittelmeerraum. Von dieser Bezeichnung abgeleitet sind Wörter wie Sold, Söldner und solide.

Lösung 2 ist korrekt. Sonnenbanner ist die korrekte Bezeichnung für die japanische Flagge. Der rote Kreis symbolisiert die Sonne; es gibt auch eine Version der Flagge mit Strahlen, die aber nur noch von der Marine verwendet wird. Ein Banner des roten Mondes gibt es nicht und Sternenbanner ist die Bezeichnung für die amerikanische Flagge.

7

1998 (3) ist korrekt. M steht für »1000«, CM für »100 weniger als 1000« also 900, XC für »10 weniger als 100« und VIII für »5 plus 3«. 1918 entspricht MCMXVIII und 1948 MCMXLVIII (L für 50).

8

Das gilt für Antwort 2. Das Delfinschwimmen wird auch als »Butterfly« oder »Schmetterlingsstil« bezeichnet.

9

Korrekt ist Antwort 2. Der Löwenzahn wird auch Augenwurz und Kuhlattich genannt. Huflattich aber ist der Name einer Heilpflanze, die zwar auch gelbe Blüten, aber herzförmige Blätter hat. Junge Löwenzahnblätter ergeben übrigens einen leckeren Salat.

10

Lösung 2 ist richtig; eine Kapriole ist ein Sprung auf der Stelle, bei dem das Pferd fast senkrecht emporschnellt und mit der Hinterhand ausschlägt. Das Wort kommt übrigens vom italienischen *capriola* für »Bocksprung«. Abbildung 1 zeigt die Levade, das Aufrichten des Pferdes auf der Hinterhand, Abbildung 3 die Kurbette; dabei macht das Pferd auf den Hinterbeinen mit angezogenen Vorderbeinen mehrere kleinere Sprünge.

11

Antwort 3 ist richtig, erkennbar ist die Gerste an den besonders langen Grannen. 1 zeigt eine Roggen- und 2 eine Weizenähre. Dinkel ist nicht abgebildet.

12

3 ist korrekt. Die flache purpurfarbene Mütze ohne Spangen mit Hermelinstreifen ist die ursprüngliche Form der Kopfbedeckung der Kurfürsten. 1 ist der Herzogshut, 2 der Fürstenhut.

13

3 ist korrekt, erkennbar an dem Schalkragen und der samtbesetzten Hosen- naht. Dazu trägt man ein Smokinghemd mit einer Fliege. »Smoking« ist zwar englisch, das Kleidungsstück wird allerdings im englischen Sprachraum als *dinner jacket* (GB) oder *tuxedo* (USA) bezeichnet. Wenn auf einer Einladung für ein ge- sellschaftliches Ereignis der Hinweis *black tie* vermerkt ist, dann wird erwartet, dass die Herren einen Smoking tragen. Der Smoking ist der kleine Gesellschaftsanzug für den Abend. 1 zeigt einen Frack, den großen Gesellschaftsanzug für den Abend, der üblicherweise auch von Orchestermusikern bei einem Abendkonzert getragen wird. 2 ist der Stresemann, benannt nach dem gleichnamigen deutschen Politiker Gustav Stresemann (1878–1929). Er wird bei förmlichen Anlässen wie z. B. Staatsempfängen oder Trauerfeiern als kleiner Gesellschaftsanzug für den Tag getragen. Die männ- lichen Orchestermusiker des Wiener Neujahrskonzerts, das ja immer vormittags stattfindet, tragen einen Stresemann.

14

Antwort 2 ist richtig. In E-Dur und der korrespondierenden, um eine kleine Terz tiefer einsetzenden Moll-Tonart cis-Moll müssen die 2. und 3. sowie die 6. und 7. Stufe um einen Halbton (= Kreuz) erhöht werden, damit die Abfolge der Ganzton- und Halbtonschritte stimmt.

15

1 ist richtig. Die Seitenwand eines Saiteninstruments mit flachem Korpus oder einer Trommel wird als Zarge bezeichnet. 2 wird als Hals bezeichnet, 3 ist der Saitenhalter.

16

1 ist korrekt. Pegasus, das geflügelte Pferd, ist eine Figur aus der griechischen Mythologie. Der Sage nach entsprang er dem Rumpf der von Perseus getöteten Medusa. Sein Hufschlag brachte auf dem Berg Helikon eine Quelle hervor. Wer von ihrem Wasser trank, der wurde zum Dichter. Deshalb gilt der Pegasus als Sinnbild für die Dichtkunst. Der Zentaur ist ein Wesen mit menschlichem Oberkörper und Pferdeleib, der geflügelte Greif hat den Kopf eines Adlers und den Körper eines Löwen.

17

Es handelt sich um ein Hünengrab (2). Die Bezeichnung steht umgangssprachlich für den Dolmen (bretonisch-französisch »Steintisch«), ein Megalithgrab (»Megalith« bedeutet »großer Stein«) aus der Jungsteinzeit. Hockergrab bezeichnet ein Steinkistengrab mit Hockerbestattung; Menhir ist ein anderes Wort für Hinkelstein, ein Monolith.

18

2 ist korrekt. 1 ist das griechische Kreuz und 3 das Andreaskreuz mit diagonal gekreuzten Balken; es heißt so nach dem Apostel Andreas, der an einem solchen Kreuz gekreuzigt worden sein soll.

19

Pagode (2) ist richtig. Es handelt sich um ein vor allem in Ostasien verbreitetes turmartiges, sich nach oben verjüngendes Bauwerk mit vielen Stockwerken. Der ebenfalls buddhistische Stupa (1) ist meist ein Kuppelbau in Form einer Halbkugel. Der Schikhara (3) ist der Tempelturm eines hinduistischen Tempelbaus.

20

Der 8-armige Leuchter (3) ist korrekt. Der Leuchter wird auch manchmal Chanukkia genannt; bisweilen gibt es eine neunte Kerze in der Mitte – sie gilt als Diener, mit der die anderen acht Kerzen angezündet werden können. Der unter 2 gezeigte 7-armige Leuchter ist im jüdischen Tempel die Menora, die niemals erlöschen darf; diese Leuchterform kommt auch in mittelalterlichen christlichen Kirchen vor. Unter 1 ist ein Schmuckleuchter ohne religiöse Funktion abgebildet.

21

Der Würfel (3) ist richtig; Hexaeder (»Sechsflächner«) ist ein anderer Ausdruck für Würfel, dessen Oberfläche aus sechs Quadraten besteht. 1 zeigt ein Oktaeder (»Achtflächner«) und 2 ein Tetraeder (»Vierflächner«). Diese drei Polyeder (»Vielflächner«) gehören zu den sogenannten »platonischen« oder »regulären Körpern«, weil sie aus mehreren regelmäßigen und deckungsgleichen Vielecken zusammengesetzt sind.

22

Gelb (1) ist korrekt. Die Komplementärfarbe einer Grundfarbe ist stets die Mischfarbe der beiden anderen Grundfarben. Weiß gilt als unbunte Farbe und Magenta ist als Mischfarbe von Rot und Blau die Komplementärfarbe von Grün.

23

24

2 ist korrekt. 1 wird als Wende, 3 wird als Kehre bezeichnet.

25

3 zeigt einen Erlenmeyerkolben. Ein anderer Name für ihn ist Schüttelkolben. Der Chemiker Emil Erlenmeyer (1825–1909) hatte ihn 1860 entwickelt; er wird verwendet, um Substanzen durch kräftiges Schütteln zu mischen oder in Lösung zu bringen. Dank des flachen Bodens kann das Gefäß auch gut abgestellt werden. 1 zeigt eine Filtrierflasche, 2 einen Rundkolben.

26

Karyatiden (3) ist korrekt. Stele bezeichnet eine freistehende, mit einem Relief oder einer Inschrift versehene Platte oder Säule, die auch oft als Grabstein diente. Eine Herme ist ein Pfeiler oder eine Säule, die mit einer Büste (ursprünglich des Gottes Hermes) gekrönt ist.

27

Antwort 3 ist korrekt. Den Feuerspecht gibt es nicht. Rotspecht und Fleckspecht dagegen sind geläufige Bezeichnungen für den Buntspecht.

28

3 ist korrekt, der Bowler wird scherzhaft auch »Melone« genannt. 1 zeigt einen Zylinderhut, den es auch zusammenklappbar gibt (*chapeau claque*). 2 ist ein klassischer Filzhut im Citystil.

29

Todesspirale (3) ist korrekt. 1 und 2 sind keine Bezeichnungen für Eislauffiguren.

30

Antwort 2 ist richtig; es ist der Teil des Bugs, der unserem Unterschenkel oder Unterarm vergleichbar ist. Stelze ist der in Österreich geläufige Ausdruck. 1 ist das Spitzbein, 3 die Oberschale.

31

Antwort 1 ist richtig: Das Schnittbild zeigt eine bikonkave Linse. Die beiden anderen Linsen sind bikonvex (Antwort 3) bzw. plankonvex (Antwort 2). Konvexe Linsen werden auch als Sammellinsen (oder positive Linsen) bezeichnet, konkave Linsen als Zerstreuungslinsen (oder negative Linsen).

Splintholz (1) ist korrekt. Kambium wird die Wachstumsschicht zwischen Splintholz und Rinde genannt. Bast ist ein Teil der Rinde und bezeichnet die lebende Gewebeschicht unter der Borke von Bäumen; Bastfasern von Bäumen wurden früher zu Seilen oder Matten verarbeitet.

32

1 ist richtig. 2 bezeichnet man als Satteldach, 3 als Pultdach.

33

Gautschen (2) ist richtig. Das Wort bezeichnet zugleich einen alten Buchdruckerbrauch, bei dem ein Lehrling nach bestandener Abschlussprüfung in einer Bütte untergetaucht wird oder sich auf einen nassen Schwamm setzen muss. 1 und 3 gibt es nicht im Zusammenhang mit der Papierherstellung.

34

1 ist korrekt, die Bewegung erfolgt um die Hochachse. Die Bewegung unter 2 wird Rollen oder Wanken genannt, sie orientiert sich an der Längsachse, die unter 3 bezeichnet man als Nicken, es erfolgt um die Querachse.

35

Richtig ist Antwort 2. Allgemein versteht man unter Antiqua Serifenschriften, also Schriften, deren Buchstaben und Ziffern einen feinen Abschlussstrich haben. Ein berühmtes Beispiel ist die Times. Im Gegensatz dazu gibt es die serifenlosen Grotesk-Schriften (3). Die Fraktur (1) gehört zur Familie der gebrochenen Schriften. Sie wird heute oft mit der Zeit des Nationalsozialismus in Verbindung gebracht und von Neonazis verwendet, obwohl Hitler 1941 ausdrücklich die Umstellung auf »Normal-Schrift« anordnete.

36

2 ist richtig. Als Bits bezeichnet man Einsatzstücke für Bohrmaschinen oder Maschinen zum Schrauben wie den Akkuschrauber. Als Byte bezeichnet man eine zusammengehörige Folge von acht Bits, wobei Bit in diesem Fall das Kurzwort für *binary digit*, also eine Informationseinheit in der EDV, ist. Ein Bitok hingegen ist das russische Wort für einen kleinen, gebratenen Fleischkloß.

37

1

Aussage 1 ist korrekt. Beispiele für die schwache Deklination sind »Kunde« oder »Matrose«: der Kunde, des Kunden, dem Kunden, den Kunden; der Plural lautet in allen Fällen »die Kunden«. Die starke Deklination ist an der -(e)s-Endung im Genitiv Singular (3) zu erkennen. Es gibt unterschiedliche Pluralbildungen; oft tritt ein Umlaut auf (der Vogel, des Vogels, dem Vogel, den Vogel, die Vögel, den Vögeln). Als gemischt dekliniert bezeichnet man Substantive, die im Singular stark und im Plural schwach dekliniert werden: der Staat, des Staat(e)s, dem Staat, den Staat, die Staaten.

2

3 ist korrekt. Man erkennt es, sobald ein Artikel dazu tritt: den Herrn (Akkusativ), dem Herrn (Dativ), des Herrn (Genitiv). »Herr« gehört zu den schwach deklinierenden Substantiven – siehe Frage 1.

3

Form 3 ist nicht erlaubt. Die Variante 1 ist die altgriechische Pluralform und daher nur in sehr gelehrten Kontexten üblich. Standard ist die Form 2: Themen.

4

Mit 2 liegen Sie richtig. Der Genitiv wird hier einfach mit angehängtem »s« gebildet. Im Plural heißt es immer Autoren.

5

Nach einem bestimmten Artikel werden Adjektive stets schwach dekliniert, auch wenn das Substantiv stark dekliniert wird. Die Antwort 3 ist also korrekt. Es treten somit als Endungen nur -e und -en auf: der alte Mann, des alten Mannes, die alten Männer. Die schwache Deklination gilt auch nach »dieser, diese, dieses; jener, jene, jenes; jeder, jede, jedes; derselbe, dieselbe, dasselbe; welcher, welche, welches«.

6

Satz 3 ist grammatisch falsch, da ein Adjektiv nach »deren« und »dessen« stark gebeugt wird wie in Satz 1. In Satz 2 wird das Adjektiv nach dem stark gebeugten »ihrem« schwach gebeugt – erkennbar an der Endung »(e)n«.

7

Mit 1 liegen Sie richtig. In Satz 2 sind Person und Zeitform richtig, allerdings steht das Verb im Passiv. Bei 3 stimmt der Modus nicht: Hier steht das Verb im Konjunktiv II.

2 ist korrekt; Satz 1 steht im Präteritum, Satz 3 steht zwar im Plusquamperfekt, aber im Aktiv.

(8)

Satz 3 ist falsch. Die Befehlsform leitet sich immer von der 2. Person Singular und Plural des Verbs ab (ihr lest – lest!, du sprichst – sprich!, du wirfst – wirf!), wobei Umlaute nicht übernommen werden (du läufst – lauf!).

(9)

Imperativ (2) zu lateinisch *imperare* (»befehlen«) ist richtig. Der Indikativ (1) bezeichnet den Modus der Wirklichkeit (im Gegensatz zum Konjunktiv als Modus der Möglichkeit), und der Infinitiv ist die Grundform eines Verbs (laufen, schwimmen, singen).

(10)

Nur Satz 2 ist grammatisch perfekt. Hier wurde in der indirekten Rede der Konjunktiv II verwendet, da der Konjunktiv I von »fahren« nicht vom Indikativ zu unterscheiden ist, weshalb Satz 1 nicht korrekt ist. Auch Satz 3 ist nicht perfekt. Denn es sollte nur dann die würde-Form verwendet werden, wenn auch der Konjunktiv II nicht erkennbar ist, wie z. B. in »Er teilte mit, sie arbeiteten bis nachts.« Hier sollte man sagen: »Er teilte mit, sie würden bis nachts arbeiten.«

(11)

Aus Satz 3 lässt sich schließen, dass das Kleid nicht gekauft wurde; der Konjunktiv II zeigt hier eine irreale Situation in der Vergangenheit an. In Satz 1 wird eine Aussage wiedergegeben (indirekte Rede); die Behauptung kann stimmen oder nicht. Bei Satz 2 handelt es sich ebenfalls um indirekte Rede, jedoch in der Vergangenheit. Es ist durchaus möglich, dass die sprechende Person den Hund noch bekommt.

(12)

Antwort 1 ist korrekt. Transitive Verben können sich mit einem Akkusativobjekt verbinden: ein Buch lesen, ein T-Shirt kaufen, einen Menschen lieben, das Kind fragen, den Nachbarn besuchen. Intransitive nicht: helfen, danken, arbeiten, warten, schlafen. Mit der Perfektbildung (2) haben die Bezeichnungen nichts zu tun. Bei der Passivbildung (3) wird bei transitiven Verben das Akkusativobjekt zum Subjekt: Das Buch wird gelesen, das T-Shirt gekauft, ein Mensch geliebt etc. Aber auch intransitive Verben können ins Passiv gesetzt werden, allerdings entsteht dabei kein Subjekt: (dem Kranken) wird geholfen, es wird (von allen) gearbeitet etc.

(13)

14

Für die Bildung des Futur (3) wird nicht das Hilfsverb »sein« verwendet, sondern »werden«: Ihr werdet Spaß haben. Allerdings dient »sein« zur Perfektbildung (1), zum Beispiel in: Ich bin gelaufen, und zur Passivbildung (2), nämlich des Zustandspassivs: Das Auto ist repariert.

15

Es handelt sich um Adverbien (2). Bei »heute« handelt es sich um ein Temporaladverb (Adverb der Zeit), bei »gern« um ein Modaladverb (Adverb der Art und Weise) und bei »nebenan« um ein Lokaladverb (Adverb des Ortes). Adverbien zeichnen sich dadurch aus, dass sie etwas über die Umstände einer Situation aussagen. Sie sind im Gegensatz zu Adjektiven (1), die eine Eigenschaft angeben, nicht flektierbar. Der Begriff Attribut (3) bezeichnet keine Wortart, sondern ein Satzglied. Es handelt sich um eine einem Substantiv, Adjektiv oder Adverb beigefügte nähere Bestimmung, z. B. Ich sitze im *grünen* Gras.

16

Satz 3 ist nicht korrekt. Wenn der zweite Teil des Adjektivs gesteigert wird, muss der Komparativ zusammengeschrieben werden wie in 1. Wird der erste Teil gesteigert, muss getrennt geschrieben werden (2).

17

Die unter 1 aufgeführten Präpositionen können nur mit dem Dativ verwendet werden, die unter 2 mit Akkusativ und Dativ und die unter 3 nur mit Akkusativ.

18

Satz 1 ist falsch. Hier müsste der Akkusativ stehen, da »auf« eine Richtung ausdrückt: Sie stellt sich auf das Podium. Alternativ ginge: Sie steht auf dem Podium, wobei »auf« mit Dativ eine Ruhelage signalisiert. Satz 2 mit Akkusativ ist korrekt; die Präposition drückt eine Bewegung/Richtung aus. In Satz 3 leitet »auf« keine Ortsangabe ein, sondern ist fest mit dem Verb verbunden und bildet mit »ihre Kinder« ein Präpositionalobjekt, das auf die Frage »auf wen?« antwortet.

19

Die unter 2 aufgelisteten Wörter sind Possessivpronomen, also besitzanzeigende Fürwörter. Der Begriff leitet sich ab von lateinisch *possessivus* (zu *possidere*, »besitzen«). Unter 1 sind Personalpronomen im Dativ, unter 3 Personalpronomen im Akkusativ aufgeführt.

Antwort 3 ist richtig. Beispiele sind: »ihr Freund, *ein dänischer Student*« oder »sie wohnt in Kreuzberg, *einem Stadtteil von Berlin*« (nicht: ein Stadtteil).

20

Die Antwort 3 ist richtig. Ein Präfixoid ist ein Kompositionsglied, dessen ursprüngliche Bedeutung verblasst, aber immer noch erkennbar ist, und das nun wie ein graduierendes – steigerndes, vergleichendes, abschwächendes – Präfix funktioniert, z. B. *Marathon*sitzung, *Bomben*erfolg, *Heiden*lärm.

21

1 ist richtig. In allen drei Fällen handelt es sich um Dativobjekte, die man daran erkennt, dass nach ihnen mit »wem?« gefragt wird: Wem hilft sie? Wem gleicht sie? Wem gibt sie drei Äpfel? Das Subjekt ist jeweils » sie«. Prädikate sind die Verben hilft, gleicht und gibt.

22

Wenn Sie 3 gewählt haben, dann liegen Sie richtig. 1 trifft zwar in vielen Fällen zu, aber nicht in allen. In dem Satz »Unterstützen wir Eva nicht, verliert sie den Wettkampf« beginnt der vorangestellte Nebensatz ohne Konjunktion mit dem Verb. Dass es sich um einen Nebensatz handelt, erkennt man daran, dass er nicht für sich allein stehen und in einen bedeutungsgleichen Bedingungssatz umformuliert werden kann: »Wenn wir Eva nicht unterstützen, ...«. Der Nebensatz hat keine feste Position, deshalb ist Option 2 nicht korrekt.

23

Nur in Satz 3 liegt eine Hypotaxe vor, also eine Verbindung aus einem übergeordneten und einem untergeordneten Satz. In diesem Fall ist der mit »da« beginnende kausale Nebensatz dem Hauptsatz »sie ist krank« untergeordnet. Parataxe meint die Nebenordnung gleichrangiger Hauptsätze wie in 1 und 2.

24

»Gelaufen« in 2 ist keine finite Verbform. Als finite Verbform bezeichnet man eine nach Person, Numerus, Tempus und Modus bestimmte Verbform (laufe, liefst). Infinite Verbformen sind der Infinitiv (laufen) und die Partizipien I (laufend) und II (gelaufen).

25

Nur Satz 3 ist unzweideutig. Der Genitiv in Satz 1 macht den Satz zweideutig. Zwei unterschiedliche Lesarten bieten sich an, nämlich »Wölfe töten ihre Opfer auf schreckliche Art und Weise« oder »Dass die Wölfe getötet werden, ist schrecklich«. In der ersten Lesart sind »die Wölfe« Subjekt des Satzes. Deshalb nennt man diese Verwendung Genitivus subjectivus. In der anderen Lesart (»Jemand tötet die Wölfe«) sind »die Wölfe« ursprünglich Akkusativobjekt, deshalb nennt man die Verwendung Genitivus objectivus. In Satz 2 könnte die Frau Besitzerin des Taschentuchs sein. In diesem Fall ist »der Frau mit dem Taschentuch« ein Satzglied, nämlich das Dativobjekt. Wenn Susi das Taschentuch zum Winken benutzt, ist »mit dem Taschentuch« ein eigenes Satzglied, eine adverbiale Angabe.

Die richtige Antwort lautet 2. Ellipsen gehören zum alltäglichen Sprachgebrauch; es handelt sich keineswegs um »unvollständige« Sätze in dem Sinne, dass etwas fehlt und ergänzt werden müsste, sondern um sinnvolle Einsparungen. Ellipsen vermeiden Redundanzen und Wiederholungen: Der [Täter] oder die Täter sollen sich melden. Silke fährt nach Usedom, Anna [fährt] in die Karibik. Das Wort »Ellipse« geht auf altgriechisch *élleipsis* (»Mangel«) zurück. Bei 3 ist eine Metapher gemeint.

Aussage 3 ist korrekt. Kryo- ist von griechisch *krýos* (»Eiskälte, Frost«) abgeleitet. Die Vorsilbe taucht u. a. auf in Kryochemie, Kryotechnik und Kryotherapie. Sie ist leicht zu verwechseln mit der Vorsilbe krypt- von griechisch *krýptos* (»verborgen, heimlich, geheim«), was zur Aussage 1 passt und zum Beispiel in Kryptografie (»Verschlüsselung und Entschlüsselung [von Informationen«]), einer Teildisziplin der Informatik, erscheint. Zu (2) passt die Vorsilbe kranio- von griechisch-lateinisch *kranion/cranium* für »Schädel«, so z. B. in Kraniotomie, der operativen Öffnung des Schädels.

1 ist die richtige Antwort. Unter einer Suada versteht man eine wortreiche Rede oder einen ununterbrochenen Redefluss. Suada ist der Name der römischen Göttin der sanften Überredung. In einer Nebenbedeutung steht Suada deshalb auch für Beredsamkeit und Überredungskunst. Das Wort leitet sich her von *suadere* (»überreden«), zu *suavis* (»süß«).

1 ist korrekt. Dystopie ist eine Gegenbildung zur (positiven) Utopie, abgeleitet von griechisch *dys-* (»schlecht«) und *tópos* (»Ort«). Typische Dystopien sind zum Beispiel George Orwells »1984« oder Aldous Huxleys »Schöne neue Welt«. Darüber hinaus ist das Wort ein medizinischer Fachbegriff: Von Dystopie spricht man, wenn sich ein Organ oder Gewebe an anatomisch ungewöhnlichen Stellen befindet.

Der Titel des Liedes lautet »Rise Like a Phoenix« (1). Es basiert auf der Redewendung »sich wie ein Phönix aus der Asche erheben«, die auf den antiken Mythos von einem Vogel, der verbrennt und aus der Asche neu entsteht, zurückgeht. Das griechische Wort *phoinix* wird im Englischen *phoenix* geschrieben.

2 ist die richtige Antwort. Die Wörter Konvertit und Konversion leiten sich vom lateinischen *conversio* ab, das »Umwandlung, Umkehrung, Umwendung« bedeutet. Während Konvertiten eine neue Religion annehmen, wenden sich Apostaten (von griechisch *apostasía*, »Abfall«) und Renegaten (von lateinisch *re*, »wieder« und *negare*, »leugnen, verneinen«) von einem Glaubenssystem ab.

6

1 ist korrekt. Mischpoche oder auch Mischpoke ist ein hebräisch-jiddischer Ausdruck für die (lästige) Familie oder Verwandtschaft. Er kann sich aber auch auf eine üble Gesellschaft oder eine Gruppe unangenehmer Leute beziehen. Das jiddische Wort für harte Arbeit ist übrigens »Maloche«.

7

2 ist richtig. Pendenz ist von lateinisch *pendere* (»schweben, hängen«) abgeleitet und bedeutet eine »schwebende, unerledigte Sache, Angelegenheit«. »Pendenzen aufarbeiten« bedeutet Unerledigtes erledigen. Das Fremdwort für Abhängigkeit ist übrigens Dependenz (von lateinisch *dependere*, »abhängig sein«).

8

Richtig ist Antwort 2. Beide Wörter bedeuten »nicht normal«, leiten sich nur aus unterschiedlichen Sprachen ab. Anormal kommt von griechisch *anómalos* (»unregelmäßig, ungleich«), aus *an-* (»nicht, un-«) und *omalós* (»gleich«). Das vor allem in Österreich und der Schweiz übliche abnormal ist inzwischen auch in der Jugendsprache beliebt. Es kommt von lateinisch *ab-* (»weg-, ent-, un-, miss-«) und *normalis* (»nach dem Winkelmaß gemacht«). Effektiv und effizient unterscheiden sich in der Bedeutung: Ich arbeite effektiv, wenn ich etwas mache, das zum gewünschten Ergebnis führt. Aber ich arbeite effizient, wenn ich das gewünschte Ergebnis mit möglichst geringem Aufwand erreiche. Ins Stadion gehe ich, um ein Fußballspiel anzuschauen, aber meine Verhandlungen haben ein neues Stadium (d. h. eine neue Entwicklungsstufe) erreicht.

9

3 ist richtig. Der Begriff geht zurück auf griechisch *hedoné* (»Freude, Lust, Vergnügen, Genuss«). Die philosophische Lehre des Hedonismus hat ihre Wurzeln in der Antike. Ihr berühmtester Vertreter war Epikur (um 341 v. Chr. bis 271 v. Chr.), der ein auf Genuss der materiellen Freuden des Daseins gerichtetes Lebensprinzip vertrat.

10

Der Fehler versteckt sich in Antwort 2: Eine Erkrankung kann nicht psychologisch sein, sondern allenfalls psychisch wie in 1 (im Unterschied zu somatisch). Die Psychologie ist die Wissenschaft von der Psyche und ihren Störungen, und davon abgeleitet ist als Behandlungsansatz »psychologisch« in 3 korrekt (im Unterschied z. B. zu »medizinisch«).

Die Antwort 2 ist richtig. Tera- kommt von griechisch *téras* (»ungeheuer, gewaltig«). Genau genommen gibt die genannte Dezimaldarstellung nur die Größenordnung an, hier eine Billion Byte. Ein Byte, die kleinste im Speicher eines Computers adressierbare Informationseinheit, setzt sich zusammen aus acht Bit. Ein Bit ist dabei die kleinste Einheit, mit der ein Computer arbeitet, und dieses Bit hat nur zwei Grundzustände, die man mit 0 und 1 bezeichnet. Deshalb ist die exakte Zahl der Bytes eine Potenz von 2, hier 2^{40}, ausgeschrieben: 1 099 511 627 776 Byte. Gegenüber der üblichen Dezimaldarstellung bedeutet dies eine Differenz von etwa 10 Prozent. Die bei 1 angegebene Zahl steht für Megabyte, abgeleitet von griechisch *mega* (»groß«), 3 für Petabyte von griechisch *petannýnai* (»alles umfassen«).

1 ist richtig. Ein Nanometer ist ein milliardstel Meter, abgeleitet von griechisch *nanos* (»Zwerg«). Bekannt geworden ist die Vorsilbe durch die Nanotechnologie. Die Wellenlänge des Lichts wird in Nanometern gemessen. 2 ist ein Pikometer, ein billionstel Meter. Die Vorsilbe ist abgeleitet von spanisch *pico* (»Spitze«) und italienisch *piccolo* (»klein«). Die Abstände von Atomen in Molekülen, die sogenannten Bindungslängen, werden in Pikometern gemessen. 3 stellt einen Attometer dar, einen trillionstel Meter; die Vorsilbe »atto« leitet sich ab von dänisch *atten* (»achtzehn«).

Überhaupt nichts doppelt Gemoppeltes hat die Knoblauch-Salsa (1); das ist einfach die Knoblauch-Soße. *Jet* (englisch) heißt allerdings an sich schon »Düse« bzw. »Düsenjet« und *ola* (spanisch) heißt bereits »Welle«. Aber wer weiß das schon?! So schlimm sind also Pleonasmen nicht. Manchmal können sie aber peinlich wirken, z. B. seltene Raritäten.

Was Labbadia meinte, ist 1 (hochstilisiert). Er sagte hingegen 3 (»hochsterilisiert«) und prägte mit diesem Versprecher eines der schönsten Fußball-Bonmots. Sterilisieren kommt von lateinisch *sterilis* (»unfruchtbar, ertraglos«) und meint »keimfrei machen«.

3 ist richtig. Unter Solmisation versteht man das von Guido von Arezzo im 11. Jahrhundert ausgebildete System, bei dem die Töne der Tonleiter anstatt mit c, d, e usw. mit den Tonsilben ut (später: do), re, mi, fa, sol, la, si bezeichnet werden.

11

12

13

14

15

16

Antwort 1 ist korrekt. Der Begriff geht tatsächlich auf griechisch *élektron* (»Bernstein«) zurück. Wenn man Bernstein reibt, dann lädt er sich elektrisch auf – das ist der Hintergrund. Für die negativ geladenen Elementarteilchen wurde der Begriff erst Ende des 19. Jahrhunderts eingeführt.

17

Die Schreibweise in 1 ist falsch. Wenn schon Akzente, dann die richtigen. Auf beide »e« gehört ein Zirkumflex: »ê«. Die Schreibung wie unter 2 ist inzwischen ebenfalls zugelassen.

18

1 ist korrekt; der Ausdruck kommt von griechisch *glyphé* (»geschnittener Stein, Skulptur«) und *glyptós* (»(aus)geschnitzt, graviert«). Die berühmte Glyptothek in München ist daher eine Skulpturensammlung. Der Begriff hat in jüngster Zeit auch eine zusätzliche Bedeutung in textverarbeitenden Computerprogrammen bekommen. Unter Glyphen versteht man hier eigens »gravierte« Sonderzeichen wie besondere fremdsprachliche Akzente, griechische Buchstaben oder mathematische Symbole, die in einer Bibliothek abgelegt sind und bei Bedarf in den Text kopiert werden können.

19

Mit 2 liegen Sie richtig. Generika sind Nachahmerprodukte, die häufig unter der nicht geschützten Gattungsbezeichnung der Wirkstoffe (englisch *generic name*) verkauft werden. Beispielsweise ist Aspirin der durch die Firma Bayer geschützte Markenname des Schmerzmittels, während Generika mit der nicht schützbaren Bezeichnung ASS, kurz für Acetylsalizylsäure (so der Name des zugrunde liegenden Wirkstoffs), auf den Markt kommen.

20

Antwort 2 stimmt. Das griechisch-mittellateinische Wort *hendiadyoin* bedeutet »eins durch zwei«. Die Stilfigur dient dazu, durch die Verbindung zweier zumindest teilweise gleichbedeutender Substantive oder Verben die Ausdruckskraft zu verstärken, z. B. »rank und schlank« oder »nie und nimmer«. Oft sind die Verbindungen zu festen Einheiten mit neuer Bedeutung verschmolzen, wie »Feuer und Flamme« oder »Grund und Boden«. Bei 1 handelt es sich um einen Pleonasmus (eine Häufung sinngleicher oder sinnähnlicher Ausdrücke, oft mit verschiedenen Wortarten wie Adjektiv und Substantiv), bei 3 um eine Klimax (Steigerung)

3 ist korrekt. Der Hadsch (oder auch Haddsch) bezeichnet die Wallfahrt nach Mekka zur Kaaba, die jeder volljährige Muslim einmal in seinem Leben unternehmen soll. Das Wort kommt aus dem Arabischen. Das Ritualgebet heißt *salat*.

21

2 ist richtig. Es handelt sich um einen offenen Gartenpavillon, typischerweise im barocken oder klassizistischen Park.

22

Lösung 2 stimmt. Als Gentrifizierung (englisch to *gentrify*, »aufwerten«, zu *gentry*, »niederer Adel«) bezeichnet man die Aufwertung eines Stadtteils durch die Sanierung und den Umbau von Altbauten mit der Folge, dass die ursprünglichen Bewohner durch Besserverdienende verdrängt werden.

23

Nur ausrangieren (1) ist kein Pleonasmus, denn rangieren heißt nur »ordnen« oder »verschieben«; die Vorsilbe »aus-« gibt zusätzlich die Richtung oder Art und Weise an, also »aussondern, wegwerfen«. »In eine Sache hineininvestieren« ist im Grunde zu viel des Guten. Das »hinein« steckt schon im Wort »investieren«. Auch oktroyieren heißt bereits »aufdrängen, aufzwingen«. Die Vorsilbe »auf-« ist daher verzichtbar. Allerdings gehört das Verb wie z. B. auch aufaddieren zu den in den Sprachschatz als standardsprachlich aufgenommenen Pleonasmen, die eine über das zugrunde liegende Fremdwort hinausgehende Bedeutung angenommen haben.

24

Algorithmus (1) ist korrekt. Mit Rhythmus (3) hat das Verfahren nichts zu tun. Das Wort ist arabischen Ursprungs. Wahrscheinlich wurde es in Anlehnung an griechisch *arithmós* (»Zahl«) aus dem Namen des persisch-arabischen Mathematikers Al-Hwarizmi, gestorben nach 846, gebildet.

25

1 ist richtig – der Putz ist bei dieser Art der Malerei noch feucht. Der Ausdruck kommt aus dem Italienischen und bedeutet »auf frischem (Kalk, Putz)«.

26

Richtig ist nur Antwort 2. Die Pizza ist inzwischen eingedeutscht, sodass der Plural Pizzas neben Pizzen und Pizze korrekt ist. Bei 1 und 3 liegt die Sache anders. Interna ist bereits die Pluralform von Internum genauso wie Visa von Visum. Es bedarf in beiden Fällen daher keines weiteren Plural-s.

27

28

Unwägbarkeiten (2) ist korrekt. Das Wort kommt von lateinisch *pondero* (»wägen, beurteilen«), die Vorsilbe »im-« dient als Verneinung und die Nachsilbe »-bilie(n)« beruht auf lateinisch *-bilis* und entspricht etwa unserem »-bar« wie in »unwägbar«.

29

Mit dem Glücksspiel (2) hat das Wort nichts zu tun. Es bedeutet wörtlich »an der Spitze Stehender« und bezeichnet jemanden, der auf seinem Gebiet durch außergewöhnliche Leistungen hervortritt (3). Besonders in Österreich ist Koryphäe auch die Bezeichnung der ersten Solotänzerin eines Balletts (1).

30

3 ist korrekt. Der aus dem Englischen stammende Ausdruck bezeichnet die Hauptplatine eines Computers, auf der alle wesentlichen Bauteile angeordnet sind (z. B. Prozessor, Speicherelemente, Ein- und Ausgabeeinheiten).

31

Falsch geschrieben ist Empathie (2). Das Wort für »Mitleiden« im Sinne von »sich hineinfühlen« wird nicht mit »ph« geschrieben, dafür aber mit »th«. Der Wortteil »pathie« geht nämlich auf griechisch *pathos* (»Leiden«) zurück. Daran knüpft die gesamte medizinische Terminologie von Pathologie bis hin zu all den unterschiedlichen -pathien (Neuropathie, Psychopathie usw.) an. Der Begriff Pathos gehört auch dazu, hat aber die Bedeutung, dass jemand in seine Worte viel oder zu viel Emphase (»Nachdruck, Betonung«) hineingelegt hat. Emphysem ist griechisch »das Eingeblasene, die Aufblähung« und meint ein Krankheitsbild, das durch ein erhöhtes, unnatürliches Auftreten von Luft oder Gas gekennzeichnet ist. Besonders häufig ist die Lunge betroffen.

32

2 ist korrekt, abgeleitet von griechisch *xénos* (»Fremder«) und *phobia* (»Angst, Furcht«). Das Gegenteil wäre Xenophilie, wobei -philie abgeleitet ist von griechisch *philía* (»Freundschaft«).

33

2 ist richtig. Ein Beispiel ist das Wortpaar »Lehre« und »Leere«. Das Wort leitet sich her von griechisch *hómos* (»gleich«) und *phoné* (»Laut«). Bei 1 handelt es sich um ein Homograf (zu *graphein*, »schreiben«) wie z. B. Ténor – Tenór), bei 3 um ein Homonym (zu *ónyma*, »Name«) wie z. B. der Gehalt – das Gehalt).

1 ist die richtige Antwort. Laut einer Online-Umfrage halten 82 Prozent die Variante »china« für angemessen (11 Prozent bewerten sie neutral und nur 7 Prozent hallten sie für unangemessen), 38 Prozent halten das vor allem im süddeutschen Raum und Österreich übliche »kina« für angemessen und nur 22 Prozent akzeptieren das im norddeutschen Raum zu hörende »schina«.

3 ist korrekt. Deshalb werden die spanische Stadt Valdés »baldes« und das Wort *convenio* (»Übereinkunft, Abkommen«) »kombenjo« ausgesprochen.

2 ist korrekt. Im Vornamen »Gianni«, der italienischen Entsprechung zum deutschen Hans, wird das »i« nicht ausgesprochen. Die Buchstabenfolge »sch« wird immer »sk« ausgesprochen und das »h« nach »cc« sorgt dafür, dass »cc« nicht »tsch« (wie z. B. in Cappuccino), sondern als »k« artikuliert wird. Für Wörter, die mit »g« beginnen, gilt als Regel die Aussprache »dsch« (stimmhaft) vor i und e und die Aussprache »g« vor a, o und u wie in *gondola*. Aber Achtung! Bei Gianni sorgt das nicht ausgesprochene »i« nach dem »G« dafür, dass das »g« doch als »dsch« artikuliert wird und nicht als »g«.

Antwort 3 »dsch«, stimmhaft ausgesprochen, ist richtig. Die stimmlose Variante »tsch« schreibt sich »ç«.

Mit Antwort 1 liegen Sie richtig. Der Diphthong »ei« wird wie im Englischen »bay« ausgesprochen.

Korrekt ist Antwort 2: Nur Serbisch, Slowenisch und Tschechisch haben den Buchstaben č. 1 ist nicht korrekt, da das Polnische diesen Buchstaben nicht kennt. In der Variante 3 nutzen zwei der genannten Sprachen – Bulgarisch und Russisch – das kyrillische Alphabet.

Antwort 2 ist richtig. Das Wort kommt aus dem Französischen. Treffen dort in einem Wort zwei »c« vor einem hellen Vokal (»i« oder »e«) aufeinander, dann wird das erste wie unser deutsches »k« ausgesprochen, das zweite als stimmloses »s« wie in »Masse«. Bisweilen wird das Wort fälschlich mit »ss« geschrieben.

8 **Tatsächlich stimmt Antwort 1;** »o« wird im Russischen häufig wie »a« ausgesprochen, nach dem kurzen »tsch« allerdings wie ein kurzes »o«. Die Variante 3 mit »o« ist die übliche deutsche Aussprache des Namens.

9 **2 ist korrekt – langes »o« (das »h« bleibt stumm), langes »u«.** Das Wort leitet sich her von französisch *haut* (»hoch, stark«) und *goût* (»Geschmack«).

10 **Antwort 2 ist richtig.** Im Englischen gibt es viele Wörter mit Buchstabenfolgen, die zwar geschrieben, aber überhaupt nicht gesprochen werden. Die Soße ist nach der in den westlichen Midlands gelegenen Stadt Worcester, gesprochen »wuuster« (mit langem »u«), benannt, wo sie auch seit 1837 produziert wird.

11 **1 ist korrekt.** Wenn man das russische Alphabet aufsagt, dann wird das »e«, das auch im Kyrillischen auf »d« folgt, als »je« ausgesprochen. Der Duden hat sich dieser Aussprache angepasst und schlägt deshalb Jekaterina mit kurzem »e« nach dem »j« und abgeleitet davon Jekaterinburg vor. Analog gibt es im Russischen auch keine Elena, sondern nur eine Jelena.

12 **Die Soester sind Kummer gewohnt.** Kaum jemand kennt das sogenannte westfälische Dehnungs-e, das bewirkt, dass Soest ganz einfach Soost (1) ausgesprochen wird. Im Mittelniederdeutschen war die Schreibung oe für das lange o üblich. In Familien- und Ortsnamen vor allem am Niederrhein, in Westfalen und Norddeutschland hat sie sich noch erhalten, so auch in Itzehoe, Oldesloe oder Coesfeld.

13 **Antwort 2 ist richtig.** Die meisten der Ortsnamen auf -ow in Nordostdeutschland sind slawischer Herkunft und man spricht sie mit einem o am Ende aus. Die slawische Endung -ov, die dem -ow zugrunde liegt, bezeichnet eine Zugehörigkeit. Diese Endung findet man auch in Namen wie Glauchau. Das au wird tatsächlich als au gesprochen.

14 **3, »schüri« mit stimmhaftem »sch«, ist die mit 71 Prozent am häufigsten akzeptierte Variante** (7 Prozent bewerteten sie neutral und nur 22 Prozent hielten sie für unangemessen). Für die stimmlose Variante (2) waren 39 Prozent, 34 Prozent fanden sich bei der Variante 1 mit »dsch« wieder. Neben der Betonung auf der ersten Silbe gibt es auch eine Variante mit der Betonung auf der zweiten Silbe.

3, »nodsch« ist richtig. Wieder mal ein Fall, wo uns Deutschen die Buchstabenfolge eines Worts wenig bei der richtigen Aussprache hilft.

15

2 ist korrekt; »sch« wird im Englischen und Amerikanischen »sk« gesprochen – denken Sie nur an *school*. Dabei gibt es den »sch«-Laut durchaus, nur wird er »sh« geschrieben: *sheriff*, *shield*, *shock*, *rush* usw.

16

Antwort 3 ist richtig, da das »h« nach dem »g« dafür sorgt, dass es wie das deutsche »g« ausgesprochen wird. Ohne dieses »h« wäre die Aussprache »dsch« korrekt gewesen.

17

Antwort 1 ist richtig. Normalerweise spricht man qu im Deutschen wie kw: quer, quadratisch, Quiz. In diesem Fall hat sich aber die französische Aussprache erhalten. Das Wort kommt von französisch *quarantaine* (eigentlich »Anzahl von 40 [Tagen]«, zu *quarante*, »vierzig«). Früher war eine vierzigtägige Hafensperre für Schiffe mit seuchenverdächtigen Personen üblich.

18

Variante 2 ist richtig. In einer Befragung stimmten 94 Prozent der Deutschen dieser Aussprache zu; die Aussprache mit einem kurzen »a« (1) kam auf eine Zustimmung von 22 Prozent; eine Minderheit von 6 Prozent fand sich beim kurzen »u« wieder (3). Das Wort kam Anfang des 20. Jahrhunderts aus England zu uns und ist abgeleitet vom englischen *bluff* (»Täuschung, Irreführung«), das im Übrigen mit kurzem »a« gesprochen wird. Im Deutschen bezeichnet es hauptsächlich die Täuschungsmanöver bei Kartenspielen wie Poker – diese engere Bedeutung verdanken wird den Amerikanern.

19

Variante 2, »jawa«, wird von 81 Prozent bevorzugt; 42 Prozent haben sich für Variante 1 mit dem stimmhaften »dsch« entschieden. 3 ist nicht zulässig. Für die gleichnamige indonesische Insel ist im Deutschen nur die Variante 2 möglich.

20

3 mit »tsch« ist die in Deutschland meistakzeptierte Aussprachevariante.
2 mit »s« entspricht der englischen Aussprache, ist aber sehr viel seltener.

21

1 **Antwort 2 stimmt: Gong gelangte über England im 19. Jahrhundert zu uns und geht zurück auf das malaiische Wort *(e)gung*.** Dies ist die Bezeichnung für die von den Ureinwohnern Javas verwendeten Schallbecken aus Metall.

2 **3 ist richtig.** Die Bezeichnung für eine aus Holz geschnitzte Figur am Bug früherer Segelschiffe kam im 16. Jahrhundert in der norddeutschen Seemannssprache auf. Das Wort gelangte über niederländisch *galjoen* und französisch *galion* zu uns. Letztlich geht es auf spanisch *galéon* (»großes Segelschiff, Galeone«) zurück. Die Litfaßsäule (1) ist benannt nach seinem Erfinder, dem Drucker Ernst Litfaß, der im Jahr 1855 zu Werbezwecken die erste Säule dieser Art in Berlin aufstellte. Der Bunsenbrenner (2) ist in jedem Chemielabor unentbehrlich; er wurde nach dem Chemiker Robert Wilhelm Bunsen (1811–1899) benannt.

3 **1 ist korrekt.** Es hängt tatsächlich mit lateinisch *nocturnus* für »nächtlich« zusammen. Im Mittelhochdeutschen war es ein Klosterwort und bedeutete »noch nichts gegessen habend«, da der erste Gottesdienst in den Klöstern in der Frühe vor der Einnahme einer Morgenmahlzeit stattfand. Bereits seit dem Mittelalter ist es auch als das Gegenwort zu »betrunken« überliefert.

4 **2 ist korrekt.** Girokonto ist ein Wort aus der Kaufmannssprache. Es wurde im frühen 17. Jahrhundert aus italienisch *giro* (»Kreis, Umlauf«) übernommen. Auch Konto ist aus dem Italienischen entlehnt, wie im Übrigen viele Ausdrucke aus dem Finanzwesen: Bank, bankrott, Bilanz, Kapital, Kredit, Saldo, Sconto usw.

5 **Die Antwort 2 ist korrekt – 1 und 3 sind »hanebüchener Unsinn«.** Das Adjektiv »hanebüchen« geht auf die Hagebuche zurück, was ein anderer Name für die Hainbuche ist, und meint zunächst mittelhochdeutsch *hagebüechin* »aus dem Holz der Hagebuche bestehend«. Seit dem 18. Jahrhundert hat das Wort die Bedeutung »derb«, »grob« angenommen – wohl weil das Holz der Hagebuche besonders knorrig ist.

1 ist korrekt. Um 1300 wurden die ersten Brillen tatsächlich aus Beryllen geschliffen, nachdem man deren optische Wirkung, Gegenstände stark zu vergrößern, erkannt hatte. Zunächst wurde das einzelne Glas »b(e)rille« genannt, später aber wurde die Bezeichnung auch auf die Einheit aus zwei Augengläsern übertragen und sogar dann beibehalten, als man längst nicht mehr Beryll, sondern einfaches Glas zur Herstellung verwendete.

2 ist korrekt, allerdings nahm der Schlafanzug einen kleinen Umweg. Pyjama wurde nämlich Anfang des 20. Jahrhunderts aus englisch *pyjamas* übernommen, das seinerseits von Urdu *pājāmā* (für »lose um die Hüfte geknüpfte Hose«) abstammt. Urdu ist Amtssprache in Indien und in Pakistan.

Antwort 3 ist korrekt. Das Wort wurde im 16. Jahrhundert über französisch *bonze*, portugiesisch *bonzo* aus japanisch *bōzu* (»Priester«) entlehnt. Damit war – ohne den abwertenden Beiklang – der buddhistische Priester in Japan und China gemeint. Im 18. Jahrhundert bezeichnete man bigotte Priester eines jeden Glaubensbekenntnisses als Bonze, bevor das Wort schließlich die religiöse Sphäre verließ.

Bergbau (2) ist die richtige Antwort. Das von »stechen« abgeleitete »bestechen« war ursprünglich ein Fachwort der Bergleute und wurde im Sinne von »(durch Hineinstechen) untersuchen, prüfen« verwendet. Davon ist wohl unsere moderne Bedeutung »jemanden durch Geld, Geschenke für seine eigenen Interessen gewinnen« abgeleitet.

3 ist korrekt. Das Wort wurde im 15. Jahrhundert während der Hussitenkriege entlehnt aus tschechisch *pístala*, das »Pfeife, Rohr« heißt.

2 ist richtig. Pumpernickel ist seit dem 17. Jahrhundert bezeugt und war ursprünglich ein Schimpfwort für einen ungehobelten Menschen, das man etwa mit »Furzheini« übersetzen könnte. Pumper heißt nämlich »Furz« und Nickel ist eine Kurz- und Koseform von Nikolaus. Das Schwarzbrot wurde wegen seiner blähenden Wirkung so benannt.

12

1 ist korrekt. Die Kandare ist eine zum Zaumzeug gehörende Gebissstange im Maul des Pferdes, die ein schärferes Zügeln der Pferde gestattet. Sie wurde von den Ungarn eingeführt und bei uns im 16. Jahrhundert aus ungarisch *kantár* (»Zaum, Zügel«) zunächst als »Kantare« übernommen. Die übertragene Bedeutung »jemanden streng behandeln« stammt aus dem 19. Jahrhundert.

13

2 ist korrekt. Viele Ausdrücke um das Thema Geld, Handel und Banken sind aus dem Italienischen entlehnt, so auch das Wort Rest von italienisch *resto* zu *restare* (»übrig bleiben«). Damals wie heute wird damit das bei einer Abrechnung übrig bleibende Geld bezeichnet. Das Wort hat sich im 14. Jahrhundert als kaufmännischer Terminus in Deutschland eingebürgert.

14

Richtig ist 1. Das Adjektiv kommt aus dem Französischen und leitet sich vom lateinischen *talpa* (»Maulwurf«) ab.

15

2 ist korrekt. Das Wort Sack beruht auf einer frühen Entlehnung im Rahmen des römisch-germanischen Tauschhandels aus lateinisch *saccus* (»Sack«). Das lateinische Wort ist seinerseits entlehnt aus griechisch *sákkos* (»Stoff aus Ziegenhaar, Sack, grober Mantel, Büßer- oder Trauerkleid«). Ursprünglich ist das Wort aber semitischen Ursprungs: Hebräisch *saq* heißt »Stoff aus Haar«. Sahne (1) stammt vermutlich aus dem Niederländischen und wurde wahrscheinlich im 12. Jahrhundert von den niederländischen Siedlern in der Mark Brandenburg mitgebracht. Saft (3) ist germanischen Ursprungs und verwandt mit der Wortgruppe um altisländisch *safi* (»in Bäumen aufsteigender Saft«).

16

Antwort 1 ist korrekt. Das Spiel, dessen Ursprünge wohl in Indien zu suchen sind, gelangte im 11. Jahrhundert durch die Araber, die es ihrerseits von den Persern übernommen hatten, nach Europa. Der Name des Spiels beruht auf persisch *šāh* »König«; aus derselben Quelle stammt das im 19. Jahrhundert in die europäischen Sprachen gelangte Wort Schah, der Titel für den persischen Herrscher bis zur Abschaffung der Monarchie im Jahr 1979. Das Ziel des Spiels ist es, den König in eine ausweglose Lage zu bringen, sodass er sich nicht mehr bewegen kann, ohne geschlagen zu werden, ihn also »matt« zu setzen. Diese Wendung geht vermutlich auf persisch/arabisch *šāh māt* (»der König ist gestorben«) zurück.

Die Antwort 3 ist korrekt. Apfel ist ein altes Wort, das schon die Germanen kannten. Als über die Römer neue Obstsorten eingeführt wurden, übertrugen sie ihre Bezeichnung für den wild wachsenden Holzapfel auf die veredelte Frucht. Das Wort Keks (1) wurde im 19. Jahrhundert aus dem Plural *cakes* von englisch *cake* (»Kuchen«) entlehnt. Die Verwandtschaftsbezeichnung Tante (2) wurde im 18. Jahrhundert aus dem Französischen entlehnt und löste die alte Bezeichnung Muhme ab.

3 ist die richtige Antwort. Die Portugiesen brachten die Apfelsine aus China nach Europa. Im 17. Jahrhundert gelangte sie über Amsterdam und Hamburg nach Norddeutschland. Die Bezeichnung ist eine Übernahme von niederländisch *appelsina*, was wörtlich so viel bedeutet wie »Apfel aus China«. Sina ist die alte Form des Ländernamens China, noch erhalten in der Bezeichnung Sinologie für wissenschaftliche Chinastudien. Der Pfirsich (2) kam auch einst aus Ostasien, vermutlich ebenfalls aus China, nach Europa. Die Römer lernten den Baum über die Perser kennen und nannten ihn *persica arbor* (»persischer Baum«) und die Frucht *persicum malum* (»persischer Apfel«), aus dem sich unser Wort Pfirsich ableitet. Die Kirsche (1) lernten wir auch über die Römer kennen. Unsere Bezeichnung geht auf vulgärlateinisch *ceresia* zurück.

Antwort 2 ist richtig. Das Wort, das bei uns schon im Mittelalter bezeugt ist, geht zurück auf ägyptisch *kemai*, *kema* (»Gummi, wohlriechendes Harz«). Es gelangte dann über griechisch *kómmi* und lateinisch *cummi(s)* in die anderen europäischen Sprachen.

2 ist richtig; das Wort Depp gehört zur Wortfamilie »tappen« und meint eigentlich einen, der »täppisch« geht und zugreift. Das Wort war ursprünglich vor allem im süddeutschen Raum verbreitet, wird aber inzwischen in ganz Deutschland verstanden und benutzt. Idiot (1) wurde schon im 16. Jahrhundert aus dem Lateinischen entlehnt und geht auf griechisch *idiótes* (»Privatmann, gewöhnlicher, einfacher Mensch, unkundiger Laie«) zurück. Bis ins 19. Jahrhundert hinein wurde es auch bei uns mit dieser Bedeutung gebraucht und entwickelte dann erst die heutige, abwertende Bedeutung. Das Wort Banause wurde im 18. Jahrhundert aus griechisch *bánausos* (»Handwerker; gemein, niedrig«) entlehnt.

17

18

19

20

21

2 ist korrekt. Das Wort, das heute für blindwütiges, wahlloses Töten steht, wurde in Europa erst im 17. Jahrhundert durch Reisebeschreibungen bekannt und geht zurück auf malaiisch *amuk* (»wütend, rasend«).

22

Es ist die Laute (1). Das Wort geht zurück auf arabisch *al-ud* (»Laute, Zither«). Die Grundbedeutung ist »Holz« und davon abgeleitet »Instrument aus Holz«. Das Wort Flöte (2) stammt aus Frankreich (altfranzösisch *flaüte*, französisch *flute*). Cembalo (3) ist aus dem Italienischen entlehnt.

23

2 ist korrekt. Das Wort Razzia wurde im 19. Jahrhundert aus gleichbedeutend französisch *razzia* übernommen, das seinerseits von algerisch-arabisch *gaziya* (»Kriegszug; militärische Expedition«) abgeleitet wurde.

24

3 ist hier richtig. Unser Wort Tennis wurde zwar im 19. Jahrhundert aus dem Englischen entlehnt, doch zugrunde liegt wohl das altfranzösische *tenez!* (»nehmt, haltet [den Ball]!«), der Imperativ Plural von *tenir* (»halten«), das auf gleichbedeutend lateinisch *tenere* zurückgeht. Boxen (1) wurde im 18. Jahrhundert aus englisch *to box* entlehnt. Gleiches gilt für Golf (2), wobei hier die Schotten ihre Hand im Spiel gehabt haben könnten.

25

3 ist korrekt. Das Wort Tamtam in seiner übertragenen Bedeutung »laute Betriebsamkeit, mit der auf etwas aufmerksam gemacht werden soll« ist seit der zweiten Hälfte des 19. Jahrhunderts gebräuchlich. Eigentlich bezeichnet es ein asiatisches, mit einem Klöppel geschlagenes großes Metallbecken. Es ist aus französisch *tam-tam* übernommen, das seinerseits auf das gleichbedeutende Hindi-Wort *tamtam* zurückgeht, das lautmalerischen Ursprungs ist. Tabu (1) kam im 19. Jahrhundert über England aus Polynesien. Tattoo (3) ist eine 1 : 1-Übernahme aus dem Englischen; das zugehörige Verb »tätowieren« ist seit dem 18. Jahrhundert bezeugt und stammt aus dem malaiisch-polynesischen Sprachraum.

2 ist richtig. Das Wort »Kajak«, das wir heute für ein ein- oder mehrsitziges Sport-paddelboot verwenden, wurde im 17. Jahrhundert aus der Sprache der Inuit ent-lehnt, wo es ein einsitziges Männerboot bezeichnet (im Gegensatz zu dem Umiak, dem mehrsitzigen, offenen Frauenboot). Das Wort »Kanu« (1) geht zurück auf den karibischen Ausdruck *can(a)oa*, der bei uns im 18. Jahrhundert über das englische *canoe* eingeführt wurde. (3) »Katamaran« ist ein Lehnwort aus dem Tamilischen, abgeleitet von *kattumaram*, was »Boot aus zusammengebundenen Baumstämmen« bedeutet.

26

3 ist richtig. Das Wort »Pleite« gelangte im 19. Jahrhundert in die Umgangssprache. Das Wort geht ursprünglich auf hebräisch *peletä* (»Flucht, Rettung«) zurück und davon abgeleitet jiddisch *pleto* (»Flucht, Entrinnen«). Der Bedeutungswandel hin zu »bankrott« beruht wohl darauf, dass sich der zahlungsunfähige Schuldner nur durch Flucht retten konnte. Die Herkunft von Ramsch (1) und Plunder (2) ist nicht sicher geklärt.

27

1   **3 ist richtig.** Mit dem Theaterstück können Sie nichts anfangen, weil es Ihnen nichts sagt. Hier steht anfangen im Sinne von »zu etwas gebrauchen«. »Beginnen« kann man verwenden in 1 bei Konzert und 2 bei Sperrgebiet.

2   **2 ist kein Synonym.** Entgleisung könnte Lapsus (von lateinisch *lapsus*, eigentlich »das Gleiten, Fallen«) ersetzen, aber nicht Lappalie, das eine scherzhafte latinisierende Bildung zu Lappen ist.

3   **Richtig ist Satz 1.** Mit »anscheinend« wird die Vermutung zum Ausdruck gebracht, dass etwas so ist, wie es erscheint. Das Adjektiv »scheinbar«, das oft fälschlich synonym verwendet wird, besagt, dass etwas nur dem Schein nach, nicht aber in Wirklichkeit so ist, wie es sich darstellt. Es würde also zu Satz 3 passen. Im Falle von 2 sollte Herr Maier zum Arzt gehen.

4   **Die Ausdrücke in 2 sind umgangssprachlich,** genauso wie z. B. »sich aufmotzen«, »sich in Schale werfen« und – mit einem abwertenden Zungenschlag – »sich auftakeln«. Die Synonyme in 1 und 3 sind standardsprachlich und wertneutral.

5   **Antwort 1 ist richtig.** Farbige und farbig sind kolonialistische Begriffe und negativ konnotiert. In Deutschland lebende Menschen mit dunkler Hautfarbe wählen häufig die Eigenbezeichnungen Afrodeutsche/afrodeutsch, die zunehmend in Gebrauch kommen. Auch People of Color oder der Singular Person of Color (3) ist eine akzeptierte Selbstbezeichnung.

6   **Die Wörter unter 3 sind nicht synonym zu »tragbar«:** »Schmerzen sind (un-) erträglich, auszuhalten, verkraftbar« aber nicht »tragbar«. In 1 geht es um die konkrete Bedeutung im Sinne von »ein tragbares Gerät«, z. B. ein Fernsehgerät, das man herumtragen kann. Die Bedeutung unter 2 kann sich z. B. auf Kleidung beziehen, die nicht berauschend, aber zumindest »tragbar« ist. Im übertragenen Sinne kann tragbar auch auf eine Entscheidung bezogen sein, die nicht besonders gut, aber eben tragbar ist, mit anderen Worten, die man mittragen kann.

3 ist korrekt, »Luft nach oben« meint »Spielraum für Verbesserungen«.
Meist ist diese Redewendung ein Euphemismus, also eine beschönigende Aus-
drucksweise, wenn man mit gewissen Leistungen überhaupt nicht zufrieden ist:
»Sie haben eine 5 geschrieben, da ist noch ziemlich viel Luft nach oben.«

**2 funktioniert nur bei einem Stück Land, das für die landwirtschaftliche Nut-
zung erschlossen wird, indem man Wald rodet oder für Be- bzw.** Entwässerung
sorgt. Freundschaften kann man »kultivieren« (1) und »hegen« (3), »urbar machen«
allerdings nicht.

Die Adjektive unter 2 benennen eine andere Gemütsbewegung: Wer wütend
ist, muss ja nicht unbedingt frustriert sein, und wer frustriert ist, muss noch lange
nicht zornig sein.

**In Wortgruppe 2 hat sich das Wort »forcieren« eingeschmuggelt, das mit
»motivieren« wenig zu tun hat, denn dabei versucht man, etwas durch Zwang
o. Ä. zu erreichen.** Motivieren dagegen meint »jemandes Interesse für etwas
wecken, ihn zu etwas anregen, veranlassen«, was ein »Motiv«, einen Beweggrund,
voraussetzt.

**2 (verschalen) ist kein Synonym für »verkaufen«, sondern kommt aus einem
ganz anderen Bereich:** Man kann z. B. die Wände eines Raums verschalen, d. h. mit
Brettern verkleiden. Verscherbeln (1) ist umgangssprachlich und meint »etwas billig
veräußern«. Wer etwas verschachert (3), verkauft etwas mithilfe von Feilschen oder
sogar auf unehrenhafte Weise, um einen möglichst hohen Gewinn zu erzielen.

**»Dilemma, Zwangslage, Schwierigkeit« (2) sind Synonyme für Notfall, aber
nicht für Note.**

3 (aufscheuern) ist kein Synonym zu »schüren«, sondern passt zu »schürfen«.
Man kann jedoch das Feuer schüren (1) oder einen Konflikt schüren (2).

14

Die Reihenfolge 3 bildet das Sprachgefühl wohl am ehesten ab. Ob »Fratze« vor oder nach »Fresse « einzuordnen ist, darüber kann man streiten.

15

Klepper (3) ist ein abwertendes Synonym für Pferd, auch wenn es ein wenig an den Kläffer erinnert. Töle (1) hört man abwertend für Hund gelegentlich in Norddeutschland; Zamperl (2) ist dagegen typisch bayerisch und bezeichnet – ohne abwertenden Nebenton – einen kleinen Hund.

16

3 ist richtig geraten; »schlagen« schlägt die beiden anderen Wörter überdeutlich; mit allen Bedeutungsvarianten kommt der Synonyme-Duden (Band 8 der Dudenreihe) auf mehr als 110 Einträge. Zu »schimmern« bietet der Duden 10 Varianten an. Etwas üppiger ist »schicken« bestückt: 39 Alternativen sind im Angebot.

17

Die Wörter in 2 bilden keinen geeigneten Ersatz für »fährt«, da sie sich auf das Bewegen eines Fahrzeugs durch einen Menschen beziehen. Das Auto kann also nicht das Subjekt sein. Die in 1 und 2 genannten Verben können »fährt« ohne Probleme ersetzen. Sie unterscheiden sich nur in der Bedeutung (fährt das Auto schnell oder langsam?). Außerdem sind manche eher umgangssprachlich wie gurken oder düsen.

18

Antwort 2 hat sich weitgehend durchgesetzt. Invalide (1) ist veraltet und bedeutet wörtlich so viel wie »kraftlos, krank, schwach und hinfällig«. Die letzte, beschönigende Bezeichnung (3) wird von behinderten Menschen selbst selten gebraucht, nicht zuletzt, weil sie nicht wirklich zutrifft: Die Bedürfnisse behinderter Menschen sind nicht »besonders«, sondern genauso vielfältig wie die nicht behinderter Menschen.

19

Die Wörter unter 3 passen nicht zu »lesen«, sondern eher zu »lernen«. 1 und 2 gehen hingegen beide auf althochdeutsch *lesan* für »zusammentragen, sammeln« zurück. In der Bedeutung 1 sind Texte gemeint, also Buchstabenfolgen, die wir mit den Augen aufsammeln, um deren Sinn zu erfassen. In 2 geht es um eine andere Art von Aufsammeln, nämlich das Pflücken und Ernten von Früchten wie z. B. bei der Weinlese.

Mit 2 bekommen Sie in Österreich das Gewünschte. Eine andere in Österreich gängige Variante wäre »faschiertes Laibchen/Laiberl«, wobei »faschiert« für »aus Hackfleisch zubereitet« steht. Semmerl oder Semmel ist auch im Bayerischen die übliche Bezeichnung für Brötchen. Schrippe und Bulette (1) sind besonders typisch für Berlin. Die Ausdrücke in 3 – oft hört man auch »Fleischküchle« und »Weckle« – sind im Schwäbischen geläufig.

20

In der Wortfolge 3 passt »diszipliniert« nicht. Dieses Adjektiv ist eher positiv besetzt und bezieht sich nicht auf das Werk, sondern auf den Künstler oder die Künstlerin.

21

Der Austausch funktioniert nur bei 1: Den Nobelpreis kann sie auch »erhalten«. In Satz 2 hat »bekommen« die Bedeutung »sich zuziehen, erleiden«; in 3 die Bedeutung »jemandem [nicht] zuträglich sein«.

22

Im Beispiel 2 kann »Früchte« nicht durch »Obst« ersetzt werden; »Früchte« wird dort im übertragenen Sinne für »Nutzen, Lohn, Ertrag, Gewinn« gebraucht. In 1 und 3 kann auch »Obst« stehen; natürlich muss dann das Prädikat in den Singular gesetzt werden – »sind« wird zu »ist«.

23

3 bezeichnet ein anderes Gericht. Der in Süddeutschland und Österreich bekannte Scheiterhaufen (3) ist zwar verwandt mit dem Pfannengericht »Arme Ritter«, aber gemeint ist damit ein Semmelauflauf. »Fotzelschnitten« (2) ist der in der Deutschschweiz übliche Ausdruck. Obwohl ganz ohne Fisch ist der Ausdruck »Blinder Fisch« in manchen Gegenden Westfalens gebräuchlich.

24

2 ist ungewöhnlich: Bei der Taille spricht man von »schmal«, nicht von »eng«. Die Durchfahrt (1) kann auch schmal sein; zum T-Shirt (3) passt auch »schmal geschnitten«, auf der Haut liegt es allerdings nur »eng an«.

25

Ausdruck 1 (Obdachloser oder auch Wohnungsloser) ist am wenigsten wertend. Sowohl 2 als auch 3 lösen starke negative Begleitvorstellungen aus.

26

Neumodisch (3) wird im Unterschied zu topmodisch häufig abwertend verwendet.

27

1

1 ist falsch. Konfirmandin und Konfirmand schreiben sich mit d. Dem Suffix (Nachsilbe) -and liegt die lateinische Gerundiv-Endung -andus zugrunde. Es steht generell in Bezeichnungen für Personen, mit denen etwas geschehen soll: Ein Konfirmand von lateinisch *confirmare* (»bestätigen«) wird als Mitglied der protestantischen Kirche bestätigt. Deshalb ist auch 3, Diplomandin und Diplomand, korrekt: Das ist eine Person, der ein Diplom verliehen wird. Die Debütantin (2) ist dagegen aktiv: Sie macht etwas zum ersten Mal – von französisch *debut* (»Anfang«). Das Suffix -ant kommt von lateinisch -*ans*, Genitiv -*antis* (Endung des Partizips I). Andere Wörter mit dieser Endung sind beispielsweise Fabrikant, Intrigant, Sympathisant.

2

Die Verwendung in Satz 3 ist nicht korrekt. Adjektive mit der Endung -fähig bedeuten im Allgemeinen, dass jemand (oder etwas) in der Lage ist, etwas zu erfüllen, also aktiv zu werden – hier: zu liefern. Die Ware kann aber kein Akteur sein. In Satz 1 wird dagegen ausgedrückt, dass die Firma liefern kann. Adjektive auf -bar haben einen passivischen Sinn; Satz 2 besagt daher, dass die Ware – von wem auch immer – geliefert werden kann.

3

Es passt nur in 2, denn »bedeutsam« bezieht sich auf etwas, was sich als wichtig erweist. Es wird im Allgemeinen nicht für Personen verwendet. In die Sätze 1 und 3 kann man »bedeutend« einsetzen, was mit Lob verbunden ist und so viel wie »bemerkenswert, hervorragend, außergewöhnlich« meint.

4

In 3 ist der Bindestrich richtig gesetzt: »geradeaus fahren« wird getrennt geschrieben, also wird kein Bindestrich gesetzt. Dagegen sind »vor-« und »zurück-« Bestandteile der Komposita »vorfahren« und »zurückfahren«, die zusammengeschrieben werden, weshalb der Bindestrich gesetzt werden muss.

5

Nur Satz 1 ist korrekt. Satz 2 müsste lauten: Du und er (also: ihr) habt euch gefreut. In Satz 3 ist ein »wir« versteckt; daher stimmt die Verbform, aber das Reflexivpronomen »sich« muss entsprechend angepasst werden: Du und ich (wir) haben uns gefreut.

In Antwort 2 ist die Steigerung falsch. Zusammengesetzte Farbadjektive werden in der Regel nicht gesteigert; »röter« wäre korrekt gewesen.

6

Antwort 2, »gewöhnt«, ist richtig. In Verbindung mit der Präposition »an« tritt standardsprachlich (und vor allem im Schriftlichen) nur »gewöhnt« auf: an etwas gewöhnt sein; sie ist an schwere Arbeit gewöhnt. Dagegen wird »gewohnt« mit Akkusativ ohne »an« verwendet: Sie ist schwere Arbeit gewohnt.

7

Die Schreibweise Grislibär aus Antwort 2 gilt seit 2017 nicht mehr als korrekt, es bleibt also beim Grizzlybären. Englisch *grizzly (bear)* bedeutet eigentlich »Graubär«. Das Wort *grizzly* beruht auf altfranzösisch *grisel*, französisch *gris* (»grau«). Känguru ohne »h« wie in 1 ist korrekt, ebenso Delfin mit »f«. In beiden Fällen votiert der Duden für die eingedeutschte Variante.

8

In Antwort 2 ist die Schreibung falsch. In der Bedeutung »mit großen Anfangsbuchstaben schreiben« wird das Verb zusammengeschrieben, ebenso in der Bedeutung »wichtig nehmen« wie in Satz 3. Sobald »groß« genauer bestimmt wird, wie in Satz 1 durch den Zusatz »nicht so«, werden die beiden Wörter voneinander getrennt, ebenso, wenn es um die Schriftgröße geht.

9

Die Antwort 3 ist richtig, es geht um den Zusatz »halb« als Gegensatz zu »voll, ganz«. Wenn »halb« bloß als abschwächender Zusatz aufgefasst wird, dann ist die Zusammenschreibung korrekt: halbhoher Zaun, halbbittere Schokolade, halbgebildet halbkleinen. In Zweifelsfällen kann man sowohl getrennt als auch zusammenschreiben: halb blind/halbblind, halb fertig/halbfertig, halb gar/halbgar.

10

Variante 2 ist falsch. Die Endung »er« wird direkt angehängt entsprechend der Schreibung von in Buchstaben geschriebenen Ableitungen: »sechziger Jahre«. Die anderen beiden Schreibungen (1 und 3) sind zugelassen.

11

12

Der Fehler hat sich in 3 eingeschlichen. Der Imperativ Plural von »sein« wird genau wie die 2. Person Plural mit d geschrieben, während die Präposition (*seit* 20 Jahren) und die Konjunktion (*seit* ihr hier seid) mit t geschrieben wird.

13

Satz 1 ist umgangssprachlich. Die Vergleichspartikel unmittelbar nach »nichts« ist standardsprachlich »als«, man hört allerdings auch häufig »wie«. In Satz 2 fungiert »wie« als gleichsetzende Konjunktion. Die korrekte Vergleichspartikel beim Komparativ (höflicher), wie in Satz 3, lautet »als«.

14

1 ist nicht korrekt. Das Relativpronomen muss im Plural stehen wie in 3, weil es sich grammatisch auf den Plural »alle Filme« bezieht. In Satz 2 bezieht sich das Relativpronomen auf den Singular »der schönste Film«, der aus der Gruppe schon gesehener schöner Filme herausgehoben wird.

15

Burkiner (1) ist die in Deutschland amtliche Bezeichnung der Staats-angehörigen von Burkina Faso. Bis 1984 hieß das Land Obervolta; der Name stammt aus der Zeit, als es französische Kolonie war. Der neue Name bedeutet übersetzt »Land der aufrichtigen Menschen«. Die in 3 genannte Form »Burkinabe« ist die in Burkina Faso offizielle Einwohnerbezeichnung.

16

Mit der Anrede in 3 machen Sie sich keine Freunde. Es muss heißen: »Sehr ge-ehrte Frau Müller, sehr geehrter Herr Müller, ...« Das Adjektiv sollte sich nicht auf mehrere Namen beziehen, wenn es grammatisch nur zu einem passt. In Anrede 2 ist das Ausrufezeichen zwar inzwischen unüblich, aber nicht falsch. In 1 ist das Komma nach der Anrede korrekt; das Anredepronomen »deinen« könnte man auch großschreiben.

17

Die Verbform in Satz 1 ist nicht korrekt. Bei dem eingedeutschten Verb »down-loaden« wird der erste Bestandteil in finiten Verbformen nicht abgetrennt. Es muss also heißen: »Ich downloade mir das Programm später.« Dagegen sind beide Partizip-II-Formen (2 und 3) erlaubt.

Antwort 1 ist falsch. »Liegen lassen« wird immer getrennt geschrieben. Variante 2 ist die Duden-Empfehlung, aber 3 ist auch zulässig.

18

Der Fehler hat sich in Satz 3 versteckt. Verbindungen mit »irgend« werden immer zusammengeschrieben. Mit einer Ausnahme: Wenn der zweite Bestandteil der Verbindung erweitert ist, wie beispielsweise bei »irgend so ein« oder »irgend so etwas« (2), gilt diese Regel nicht.

19

Antwort 3 ist richtig. Die Gladiatoren sind dem Tod geweiht. Der erste Wortteil bezieht sich also auf das Substantiv »Tod« und wird daher mit »d« geschrieben. Andere Wörter mit diesem substantivischen Erstglied sind Todsünde, Todfeind, todmüde, todschick, wobei »tod« manchmal nur eine verstärkende Funktion im Sinne von »äußerst, sehr« hat. In Komposita wie »sich totlachen, totschlagen, totschweigen, Totgeburt, Totgesagter, Totpunkt« ist der erste Wortteil das Adjektiv »tot«.

20

Antwort 1 ist richtig: Es heißt »wie viel«, »wie viele«, analog auch »so viel« und »so viele«, was nicht zu verwechseln ist mit der Konjunktion »soviel« (»Soviel ich weiß ... «), die man zusammenschreibt.

21

Antwort 2 ist korrekt, denn sensitive Regionen sind instabil, weshalb der Export von Waffen dorthin nicht empfehlenswert ist. In Satz 1 steht »sensibel« für »empfindsam, leicht verletzlich«. Die Liedtexte als »sentimental« (3) zu bezeichnen, ist abwertend im Sinne von »allzu gefühlsbetont«.

Die Antwort 2 ist korrekt. »Fraglich« hat die Bedeutung »zweifelhaft, ungewiss«; die Reaktion ist noch offen, der Blick in die Zukunft gerichtet. Dagegen bedeutet »fragwürdig« so viel wie »zu Bedenken oder Zweifeln Anlass gebend«; eine bereits erfolgte Reaktion wird mit Skepsis betrachtet.

Satz 1 ist falsch; es müsste »… die ganze Nacht lang offen« heißen. In Verbindung mit Verben drückt »auf« den Vorgang des Sichöffnens oder die Tätigkeit des Öffnens aus, so in Satz 3. »Offen« hingegen bedeutet »geöffnet, nicht geschlossen« wie in Satz 2. Es bezeichnet das Ergebnis des Öffnens.

In Satz 1 passt »verlosen« nicht. Korrekt wäre »auslosen«, denn es bezieht sich auf den Vorgang des Losens wie in (3), während »verlosen« auf konkrete Objekte Bezug nimmt, die auf die Gewinner verteilt werden.

Es handelt sich um Frage 2. Das Adjektiv »effizient« bezieht sich auf die Methode; diese ist wirkungsvoll, verursacht keine unnötigen Kosten, schont die Ressourcen und braucht wenig Zeit. »Effektiv« wird in zwei Bedeutungen gebraucht: In Satz 1 im Sinne von »wirksam, erfolgreich«, in Satz 3 im Sinne von »tatsächlich, real«.

In Satz 2 passt »diffus« nicht, da dieses Wort nicht auf Personen bezogen werden kann. Hier muss »konfus« stehen, das »verwirrt, durcheinander« bedeutet, abgeleitet von lateinisch *confusio* (»Vermischung, Verwirrung, Unordnung«). In Satz 3 hingegen wäre »diffus« im Sinne von »zerstreut, ohne bestimmte Grenzen«, abgeleitet von lateinisch *diffundo* (»aus-, ergießen; ausbreiten, zerstreuen«), korrekt. Unter Diffusion versteht man in der Physik bei Licht dessen Streuung. Im übertragenen Sinne wie in Satz 1 ist »diffus« als »verschwommen, unklar, getrübt« zu verstehen.

Die richtige Antwort ist 2. Die Adverbien »vergebens« und »umsonst« können beide in der Bedeutung »ohne Erfolg, ohne die zu erwartende Wirkung« verwendet werden. Das Wort »umsonst« meint daneben noch »ohne Bezahlung, gratis«; in dieser Bedeutung kann es nicht durch »vergebens« ersetzt werden.

7

Richtig ist 2; Gründe können rational sein, also in der Vernunft begründet liegen, aber nicht rationell. Rationell (1) nennt man nämlich Verfahren und Methoden, die unter möglichst geringem Energie- und Kosteneinsatz möglichst gute Ergebnisse liefern, z. B. in: rationelle Verfahren, sie arbeitet sehr rationell. Das in 3 verwendete Wort »rationalistisch« bezieht sich auf den Rationalismus, eine philosophische Strömung des 18. Jahrhunderts, die ausschließlich das rationale Denken als Quelle der Erkenntnis sieht.

8

Es gibt »kreuzfidel« und »kreuzunglücklich«, »kreuzböse« (2) aber gibt es nicht. Die Vorsilbe »erz-« bedeutet »von Grund auf, durch und durch«, »kreuz-« drückt eine Verstärkung aus wie bei »kreuzanständig, kreuzelend, kreuzlangweilig«; »bitter-« hat den gleichen Effekt, z. B. in »bitterwenig«.

9

Antwort 2 ist richtig. Im Eisschnelllauf wird damit der Lauf auf einer kurzen, nur gut 110 Meter langen, ovalen Bahn bezeichnet, auf der seit 1976 auch Weltmeisterschaften ausgetragen werden. Die Disziplin ist seit 1992 auch olympisch.

10

In 1 ist kein Austausch möglich. Zwar können beide Wörter einen zeitlichen Prozess bezeichnen und sind deshalb oft austauschbar, aber nicht in diesem Fall. Denn hier geht es um das Ende einer Frist bzw. eines Prozesses und dann darf nur »Ablauf« stehen. In 2 und 3 könnte man statt »Ablauf« auch »Verlauf« einsetzen, in 2 allerdings nur, wenn die Aussage nach der Veranstaltung gemacht wird. Wenn es sich um eine Ansage *davor* handelt und dem Publikum der konkrete Prozess beschrieben werden soll, würde man »Ablauf« sagen. »Verlauf« setzt den Akzent mehr auf das Ergebnis als auf die Abfolge eines zeitlichen Prozesses. Verlauf und Abfolge können deshalb voneinander abweichen: »Das Meeting nahm einen ganz anderen Verlauf als im Ablauf geplant.«

11

12

Defensiv (3) von lateinisch *defendere*, »abwehren« ist das Gegenteil von »offensiv«, dass »angreifend« bedeutet. »Deduktiv« (1) bedeutet »ab- oder herleitend«, »definitiv« (2) bedeutet »endgültig, abschließend«.

13

Antwort 3 ist richtig. Blitzableiter ist ein Kompositum, also ein aus zwei Nomen zusammengesetztes Wort. In 1 und 2 hingegen ist »Blitz-« ein Präfixoid in der Bedeutung »überraschend, schnell, unerwartet«.

14

Antwort 2 stimmt. Es handelt sich um die Nutzung bzw. Patentierung bisher frei verfügbarer biologischer Substanzen. Ein typisches Beispiel ist der Basmati-Reis, der vor Tausenden von Jahren am Fuß des Himalaja entdeckt wurde, heute in der ganzen Welt beliebt ist und hauptsächlich in Indien und Pakistan angebaut wird. Eine amerikanische Firma konnte 1997 ein Patent auf eine Basmati-Variante und die exklusive Nutzung der Bezeichnung »Basmati« anmelden, was Nichtregierungs-organisationen als Biopiraterie bezeichneten. Die Ursprungsländer wehrten sich und das US-Patent musste in weiten Teilen eingeschränkt werden.

15

Die Unterschiede sind fein, aber bedeutsam: 2 ist richtig. Beide Bezeichnungen beziehen sich auf eine Übereinstimmung, eine Identität. Man unterscheidet aber zwischen einer Identität des Wesens oder Dings und einer Identität der Gattung oder Art. Wenn dieser Unterschied für das Verständnis der Aussage notwendig ist, verwendet man für die Identität der Gattung »das gleiche«, für die Identität des Einzelgegenstands »dasselbe«. »Dasselbe« bezeichnet in unserem Fall ein gemeinsames Firmenauto, während »das gleiche« sich auf zwei Firmenautos desselben Typs, aber mit unterschiedlichen Kennzeichen bezieht.

16

1 ist richtig. Das umstrittene Verfahren zur Gewinnung von Gas oder Erdöl ist die aus dem Englischen entlehnte Kurzform von englisch *hydraulic fracturing* (»hydrauli-sches Aufbrechen«). In Deutschland ist diese Technologie nur mit Einschränkungen erlaubt; in den USA und in Kanada wird sie in großem Stil angewendet. Tatsächlich wird das chemikalienreiche Abwasser in die Erdschichten gepresst (3), die allerdings so tief liegen sollten, dass das Grundwasser nicht verunreinigt wird. Vielfach wird für solche Erschließungen horizontal gebohrt (2).

Nur Satz 2 ist korrekt. Der Plural »Wörter« meint sprachliche Einheiten mit bestimmter Bedeutung, wie man sie beispielsweise in einem Wörterbuch findet. Daher müsste auch in Satz 1 »Wörter« verwendet werden. Im 3. Satz aber meint man nicht die einzelnen Wörter, sondern die ganze Äußerung der Sterbenden. In diesem Fall muss die Mehrzahl »Worte« lauten.

17

Wenn Sie (2) gewählt haben, liegen Sie richtig: Seine Schilderung gibt eine verfälschte Darstellung vom tatsächlichen Ablauf. »Verfälschen« bedeutet »etwas absichtlich ändern, manipulieren, um die Wahrheit zu verschleiern«. In (1) und (3) sind die Fälscher am Werk, die etwas Echtes durch etwas Falsches ersetzen: Der Personalausweis war gefälscht. Ihre Spezialität war es, 50-Euro-Scheine zu fälschen.

18

In Satz (3) lässt sich die Eingabe durch »schriftlich abgefasste Beschwerde«, die meist an eine Behörde gerichtet ist, ersetzen. In Satz 2 geht es um die mühsame Tätigkeit des Eingebens von Daten über die Tastatur. In (1) ist die »Eingebung« ein plötzlicher Gedanke, eine plötzliche Idee – wer lange genug wartet, hat vielleicht irgendwann eine »göttliche Eingebung«.

19

3 ist korrekt, der Nerd – so das Klischee – sitzt ständig am Computer und hat keine oder nur wenige soziale Kontakte. Das Wort, das vermutlich aus dem amerikanischen Studentenslang stammt, war ursprünglich abwertend gemeint, ist aber inzwischen auch dank beliebter Fernsehserien wie *The Big Bang Theory* neutral bis positiv besetzt.

20

2 stimmt. Ein Staat gilt als souverän, wenn er in seinen Entscheidungen von keinem anderen Staat abhängig ist. Die UNO-Mitgliedschaft ist nicht unbedingt ein Kriterium. Im übertragenen Sinne kann auch eine Person »souverän handeln«, wenn sie besonders sicher und klug agiert.

21

1   **Antwort 3 ist richtig.** Schwalben und Mäuschen bleiben verschont.

2   **Antwort 2 stimmt.** »Leder« steht in der Redewendung für die Lederscheide eines Schwertes; ursprünglich war also gemeint, dass man von der Waffe Gebrauch machte.

3   **Antwort 2 stimmt.** Die Wendung fußt auf der Fabel »Der Bär und der Gartenliebhaber« von Jean de La Fontaine. Darin zerschmettert der diensteifrige Bär eine lästige Fliege auf der Nasenspitze seines Herrn mit einem Stein. Zwar ist nun die Fliege tot, der Gärtner aber auch.

4   **Antwort 3 ist richtig.** Jedenfalls heute. Die stabreimende Zwillingsformel ist seit dem 15. Jahrhundert bekannt und früher waren mit »Kegel« die unehelichen Kinder gemeint. Wie sie jedoch zu dieser Bedeutung kamen, konnte bisher nicht geklärt werden.

5   **2 ist richtig.** Der (oder das) Heftel bezeichnet eine Schließe, bestehend aus Haken und Öse, die bei Bekleidungen verwendet wird. Früher brauchte man sehr viele solcher Heftel für die Herstellung von Korsetts. Hier musste der Heftelmacher besonders sorgfältig arbeiten. In Süddeutschland und Österreich ist auch der Ausdruck Haftelmacher gebräuchlich.

6   **Antwort 3 ist korrekt – mit Kinderpflege hat die Redensart nichts zu tun.** Sie ist bereits 1512 in Thomas Murners Satire »Narrenbeschwörung« belegt und taucht bei Murner auch an anderen Stellen auf. Vermutlich ist er nicht der Schöpfer dieser Redensart, sie gehörte wohl bereits vor ihm im Volksmund zum redensartlichen Bestand.

7   **2 ist korrekt.** Es ist wieder mal das Militär, dem wir eine Wendung verdanken. Der Ausdruck ist abgeleitet von den seit 1861 beim deutschen Militär vorgeschriebenen Frontrapporten. Es handelte sich um Formulare zu Ausrüstung und Mannschaftsstärke, die immer nach dem gleichen Schema (nämlich F für Frontrapport) ausgefüllt wurden.

In Satz 1 haben sich zwei Redewendungen vermischt. Man zieht jemandem die Hosen stramm, aber die Ohren lang.

8

Mit Antwort 1 liegen Sie richtig. Denn Rochus kommt von jiddisch *rojkes* (»Ärger, Zorn«) und fand vermutlich über das Rotwelsche, das eine Reihe kleinerer Händler- und Gaunersprachen umfasst, Eingang ins Deutsche.

9

Antwort 3 ist korrekt. Es handelt sich um den Wahlspruch des höchsten englischen Ordens, des *Order of the Garter*, zu Deutsch Hosenbandorden. Die Gründung 1348 durch König Eduard III. soll auf einen galanten Zwischenfall zurückgehen, wonach Eduard auf einem Ball das Strumpfband seiner Gemahlin oder Geliebten aufgehoben haben soll. Nach einer anderen Version benutzte er in einer siegreichen Schlacht ein Strumpfband als Fahnenbefestigung und stiftete daraufhin den Orden. Gemeint ist damit: Nur wer immer gleich Schlechtes von anderen denkt, wird etwas Anstößiges dabei finden.

10

1 ist korrekt. Die lateinische Fügung bedeutet »der Gott aus der [Theater]maschine«. Sie geht darauf zurück, dass im antiken Theater Götter an einer kranähnlichen Flugmaschine auf die Bühne herabschwebten, und zwar um einen tragischen Konflikt zu lösen, den die Menschen zuvor nicht zu lösen vermocht hatten.

11

2 ist richtig. Im lateinischen Alphabet steht für U das V, das zugleich Zahlzeichen für »fünf« ist. Dieses V ist deshalb ein halbes X (das für »Zehn« steht). Die Wendung bedeutet also ursprünglich, dass jemandem z. B. auf der Schuldentafel, doppelt so viel berechnet wurde, wie er eigentlich zu zahlen hatte.

12

2 ist korrekt. Die Wendung bezieht sich auf den Bußgang des deutschen Königs Heinrich IV. im Winter 1076/1077 zu Papst Gregor VII., der sich zu dieser Zeit in der norditalienischen Burg Canossa befand. Heinrich IV. war im Zuge des Investiturstreits exkommuniziert worden. Drei Tage lang soll er um Einlass beim Papst gebeten haben, um ihn zur Aufhebung des Banns zu bewegen.

13

14

1 ist richtig. Das war die erste Zeile eines Schlagers, mit dem die dänische Schlagersängerin Dorthe Kollo (die sich nur Dorthe nannte) 1965 immerhin den 4. Platz bei den Schlager-Festspielen erringen konnte. Das Sprichwort hat jedoch eine sehr alte Tradition. Es geht zurück auf eine Fabel des griechischen Dichters Aesop, der wahrscheinlich im 6. Jahrhundert v. Chr. lebte. Darin sieht ein junger Mann im Frühling eine Schwalbe, versetzt darauf seinen Mantel und sieht sich dann, als er die Schwalbe erfroren findet, betrogen, weil es weiterhin winterlich kalt bleibt.

15

Antwort 1 ist korrekt. Dieser bildungssprachliche Ausdruck hat seine Wurzeln in Gustav Schwabs Ballade »Der Reiter und der Bodensee«, in der ein Mann nichts ahnend über den zugefrorenen See reitet und erst, als ihm die überstandene Gefahr bewusst wird, vor Entsetzen stirbt. Heute prophezeit man mit dieser Wendung nicht mehr den Tod, sondern die Gefahr und Unsicherheit eines Unterfangens.

16

3 ist korrekt. Die sprichwörtliche Redensart geht auf den Prediger Salomo (10, 8) zurück, wo es heißt: »Aber wer eine Grube macht, der wird selbst darein fallen.«

17

Antwort 3 ist richtig. Manch besorgte Mutter oder mitfühlende Kollegin mag wohl ihrem dauerzockenden Sprössling oder ihrem überarbeiteten Kollegen prophezeien, die rechteckige Form des Monitors könnte sich auf die Augen übertragen.

18

Es war Pontius Pilatus (2). Die Wendung geht auf mehrere Stellen in der Bibel zurück. Die bekannteste ist sicherlich die bei Matthäus 27, 24, wo es von dem römischen Statthalter, der seine Unschuld am Tod Jesu beteuert, heißt: »Da ... nahm er Wasser und wusch die Hände vor dem Volk und sprach: Ich bin unschuldig an dem Blut dieses Gerechten; sehet ihr zu!« Heute verwendet diese Redewendung jemand, der beteuern will, dass er an einer Sache in keiner Weise beteiligt war und darum nicht zur Verantwortung gezogen werden kann.

3 ist im Sinne der heutigen Verwendung korrekt. Die Redewendung wird nämlich benutzt, um auszudrücken, dass man in einer bestimmten Angelegenheit viele
Wege machen, von einer Stelle zur anderen gehen muss, damit man die gewünschte
Auskunft oder das Gesuchte erhält. Quelle dieser Redewendung ist Lukas 23, 6–11,
wo berichtet wird, dass Christus vom römischen Statthalter Pontius Pilatus zunächst
zu König Herodes geschickt wird, von diesem aber wieder zurück zu dem Statthalter.

19

Antwort 3 ist richtig: Mit einer Ehe zur linken Hand wird eine nicht standesgemäße Ehe im Hochadel bezeichnet. Wenn ein Ehepartner – meist war es die
Frau – einem niedrigeren Adelsstand angehörte, dann sprach man von einer
»morganatischen Ehe« oder Ehe zur linken Hand. Heute wird die Wendung nur
noch selten verwendet.

20

Antwort 3, ohne Ergebnis, ist richtig. Um den Ursprung dieser Redewendung
ranken sich viele Geschichten; die wahrscheinlichste bezieht sich auf das Schwarz-
wälder Städtchen Hornberg. Es gibt zwei Versionen der Geschichte: In einer wird
das Pulver, das für die Böllerschüsse zur Begrüßung des Herzogs vorgesehen war,
vorzeitig schon beim Einzug des vorausgeschickten Gefolges verschossen. In der
anderen bildet das Schießen den Mittelpunkt einer geplanten großen Festver-
anstaltung, für die alles bis ins Kleinste vorbereitet, das Pulver jedoch vergessen
worden ist.

21

Redensart 3 – nur mit Wasser kochen – ist als Einzige richtig. Sie bezog sich
ursprünglich auf die (wirtschaftlichen) Verhältnisse ärmerer Leute, bei denen mit
Wasser statt – wie bei den Wohlhabenderen – mit Wein oder Fleischbrühe gekocht
wurde. Mit der Redensart wird ausgedrückt, dass es woanders auch nicht anders
als überall zugeht, dort auch nichts Überdurchschnittliches vollbracht wird. Den
Teufel »malt« man sprichwörtlich an die Wand und das Öl gießt man »ins Feuer«,
wogegen etwas »Wasser auf meine Mühlen« sein kann.

22

Antwort 2 passt am besten. Denn mit einem solchen Trichter könnten wir uns Wissen direkt ins Gehirn gießen, richtiggehend eintrichtern – keine mühsame Paukerei vor Prüfungen mehr. Woher das Bild kommt, ist nicht völlig klar. Vermutet wird, dass es eine Anlehnung an den 1647 erschienenen »Poetischen Trichter« des Nürnberger Dichters Harsdörffer darstellt. Es handelte sich dabei um ein Lehrbuch der Dichtkunst.

Es handelt sich natürlich um den Zahn (2), wobei sich die zweite Redewendung nicht auf die Zähne zum Beißen und Kauen, sondern auf die Zähne eines Zahnrads bezieht.

Sie bezieht sich auf Frankfurt (3) und bezeugt Heimatstolz und eine gewisse Engstirnigkeit. Unklar ist, welcher der beiden Stadttortürme Frankfurts gemeint ist: die Bockenheimer Warte oder die Friedberger Warte.

Antwort 2 trifft hier zu. Die umgangssprachliche Wendung wird oft auf die Medien bezogen, die die Tendenz haben, Meldungen auf ihren Sensationswert hin auszuwählen und dann aufzubauschen.

Antwort 2 ist richtig, obwohl bei Verwendung dieser Redewendung jeder Physiker mit den Augen rollt. Denn in Wahrheit gehört der Quantensprung in den Bereich der Mikrophysik und bezeichnet dort die kleinste mögliche Veränderung eines Zustands. Trotzdem sind damit im übertragenen Sinne ganz große, auffällige Veränderungen gemeint.

Antwort 2 ist richtig. Gemeint ist die Achillesferse. Thetis, die Mutter von Achilles, hatte ihn als Baby in den Styx, den Totenfluss, getaucht, um ihn unverwundbar zu machen. Nicht benetzt wurde dabei die Ferse, an der sie ihn festhielt. Herakles wurde durch die 12 Arbeiten bekannt, die er für König Eurystheus verrichten musste (davon abgeleitet »Herkulesaufgabe«, »Herkules« entspricht »Herakles« im Lateinischen); zudem ist seine Kraft sprichwörtlich. Sisyphus wiederum ist ein König, der bestraft wurde, auf ewig einen Felsblock einen Berg hinaufzuwuchten, der kurz vorm Erreichen des Gipfels jedes Mal wieder zu Tal rollt; davon abgeleitet ist die »Sisyphusarbeit« für eine schwere Aufgabe, bei der kein Ende abzusehen ist.

Besondere Sorgfalt (1) ist nicht gemeint, sondern kleinliche Kritik oder pedantische Schulmeisterei. Der Ausdruck geht zurück auf Richard Wagners Oper »Die Meistersinger von Nürnberg«, in der Sixtus Beckmesser beim Sängerwettstreit jeden Verstoß gegen die satzungsgemäßen Regeln für den Vortrag der Meistersinger peinlich genau notiert und sich so als pedantischer Kunstrichter erweist. Den Zeitgenossen Wagners war klar, dass damit der Kritiker Eduard Hanslick gemeint war. Heute verwendet man das Wort, um einem Kritiker vorzuwerfen, dass er sich an Kleinigkeiten aufhalte, ohne das große Ganze zu sehen.

Das war Francis Bacon (1). Die Redensart wird auch gerne in ihrer lateinischen Form, *semper aliquid haeret*, gebraucht. So wurde sie von dem englischen Philosophen und Staatsmann Francis Bacon (1561–1626) in seiner Schrift »Über die Würde und den Fortgang der Wissenschaften« als sprichwörtlich erstmals angeführt. Die eigentliche Quelle könnte noch älter ein, als möglicher Ursprung wird Plutarch (um 46 bis um 125) genannt, der in seiner Schrift »Über den Schmeichler und den Freund« Verleumdung mit einer Bisswunde vergleicht, von der immer eine Narbe zurückbleibt.

3 ist korrekt. Nach dem griechischen Dichter Hesiod (um 700 v. Chr.) war Pandora eine von Hephaistos, dem Gott des Feuers und der Schmiedekunst, aus Erde geformte, von den Göttern mit allen Vorzügen ausgestattete Frau, die der oberste olympische Gott Zeus mit einem Tonkrug, der alle Übel und Leiden enthielt, auf die Erde sandte. Die Menschen, die bis dahin weder Not noch Krankheit kannten, wurden durch das Öffnen des Gefäßes für den Raub des Feuers durch Prometheus bestraft.

5

Das Zitat stammt von Wilhelm Busch (2). Mit dem Vers »Es ist ein Brauch von alters her: Wer Sorgen hat, hat auch Likör!« beginnt das vorletzte Kapitel seiner Bildergeschichte »Die fromme Helene«.

6

Es handelt sich um »Casablanca« (1). Mit den Worten »Louis, ich glaube, das ist der Beginn einer wunderbaren Freundschaft«, die der Barbesitzer Rick Blain an den Polizeichef Louis Renault richtet, endet der berühmte zum Kultfilm gewordene amerikanische Spielfilm »Casablanca«, der 1942 mit den Hauptdarstellern Humphrey Bogart und Ingrid Bergman gedreht wurde. Der Satz wird meist scherzhaft oder ironisch zitiert.

7

Es war Winston Churchill (3). Der Ausdruck bezeichnete nach dem Ende des 2. Weltkriegs aus westlicher Sicht die Grenze zu den am politischen und wirtschaftlichen System der Sowjetunion orientierten osteuropäischen Staaten. Es handelt sich dabei um eine übertragene Verwendung der Bezeichnung für den feuersicheren Abschluss der Theaterbühne gegen den Zuschauerraum, der »eiserner Vorhang« genannt wird. Der britische Politiker Winston Churchill verwendete in seinen Reden 1945 und 1946 den Ausdruck häufig und sorgte so für seine Verbreitung.

8

Die Formulierung »… ein Fisch ohne Fahrrad« (3) ist die richtige. Damit bekundeten die Vertreter/-innen der Frauenemanzipation in den 1970er-Jahren ihre erstrebte Unabhängigkeit. Unter dem deutschen Titel »Der Fisch ohne Fahrrad« wurde ein aus dem Amerikanischen übersetztes, emanzipatorisches Frauenbuch von Elizabeth Dunkel bei uns bekannt. Heute werden Single-Partys und Kontaktbörsen häufig mit »Fisch sucht Fahrrad« betitelt.

9

Ein Maschinengewehr (2) ist richtig. Diese Zahlenkombination kam durch den deutschen Schriftsteller Hans Hellmut Kirst (1914–1989) ins allgemeine Bewusstsein, der seiner Romantrilogie den Titel »08/15« gab. Zugrunde liegt die militärische Bezeichnung für ein Maschinengewehr aus dem Jahr 1908, das 1915 technisch verändert wurde und die Bezeichnung LMG 08/15 bekam. Die Zahlen wurden dann zunächst zu einer Metapher für den geistlosen militärischen Drill, bevor sie die heute gültige Bedeutung annahmen.

Seneca (2) ist korrekt. Das Zitat ist eine Abwandlung einer Stelle aus seiner Tragödie »Der rasende Herkules«. Das Original lautet *Non est ad astra molis e terris via* (»Es ist kein bequemer Weg von der Erde zu den Sternen«). Plautus und Terenz waren römische Komödiendichter.

»... und man ist verstimmt« (1) ist richtig. Es ist dies die leicht abgewandelte Form einer Äußerung Tassos in Goethes Drama »Torquato Tasso« (II, 1), mit der Tasso sein Missfallen an dem Verhalten der Leonore Sanvitale ausdrückt. Man verwendet das Zitat als Kommentar zu jemandes allzu durchsichtigem Tun oder Reden, in dem man die meist nur schlecht verborgenen – meist egoistischen – Interessen des oder der Betreffenden deutlich erkennt.

Lösung 2 ist korrekt. Das Zitat findet sich in »Wallensteins Tod« (I, 5) und ist die Antwort des als Unterhändler für die Schweden auftretenden Oberst Wrangels, nachdem ihn Wallenstein um eine persönliche Stellungnahme ersucht hatte. Das Zitat dient heute noch als ausweichende Antwort auf eine Frage, die jemand nicht mit einer persönlichen Meinungsäußerung beantworten möchte.

Hermann Hesse (1) ist korrekt. Das Zitat wird gerne mit dem sprichwörtlichen »Aller Anfang ist schwer« kontrastiert. Mit der anschließenden Zeile »Der uns beschützt und der uns hilft zu leben« bildet es den Schluss des ersten Strophengebildes von Hermann Hesses (1877–1962) Gedicht »Stufen«.

»Ein Echo« (3) ist korrekt.

Die erfolgreiche Serie, in der gebeamt wurde, war Star Trek (2). Mit diesem Befehl forderte Captain James T. Kirk seinen Bordingenieur Montgomery Scott, genannt Scotty, auf, ihn zurück an Bord der »Enterprise« zu holen. Der Spruch wird heute gerne verwendet, wenn man andeuten möchte, dass man sich in einer unangenehmen Situation wünscht, möglichst weit weg (oder wieder zu Hause) zu sein. Bei Antwort 1 handelte es sich um eine 1965 ausgestrahlte deutsche Fernsehserie »Raumpatrouille – Die phantastischen Abenteuer des Raumschiffes Orion«. Star Wars (3) ist der Titel eines 1977 erschienenen Science-Fiction-Märchens, das in Deutschland unter dem Titel »Krieg der Sterne« in die Kinos kam.

»Keine Probleme!« (2) ist richtig. »Hakuna bedeutet »keine« und Matata »Probleme«. Beide Wörter stammen aus der afrikanischen Sprache Suaheli und wurden 1994 durch den Walt-Disney-Zeichentrickfilm »Der König der Löwen« bekannt. Ein Lied, das die beiden Figuren Timon und Pumbaa singen, beginnt mit diesen Worten. Heute wird die Formel gerne verwendet, um ein positives Image des afrikanischen Kontinents zu vermitteln.

16

Es war Jürgen Todenhöfer (1). Der Parlamentarier rief 1978 diese Worte dem Oppositionsführer Helmut Kohl zu, um eine dynamischere, streitbarere und öffentlichkeitswirksamere Politik der CDU einzufordern. 2004 wiederholte der CSU-Politiker Beckstein diesen Appell an die Schwesterpartei. In den Medien wird das Bild vom »Schlafwagen zur Macht« verwendet, wenn oppositionellen Politikern oder Parteien attestiert werden soll, dass sie sich zu wenig aktiv um die Wählergunst bemühen und zu sehr darauf vertrauen, dass sich die Wählergunst von selbst gegen die Regierenden richtet.

17

Aus Luft (oder nichts) ist richtig (3). In diesem Märchen des dänischen Schriftstellers Hans-Christian Andersen (1805–1875) wird ein eitler Monarch von zwei listigen Betrügern zum Besten gehalten, die ihm versprechen, die schönsten Kleider anzufertigen. Diese Kleider seien außerdem für jeden unsichtbar, »der nicht für sein Amt tauge oder unverzeihlich dumm sei«. So würde er erfahren, wie es um seinen Hofstaat bestellt sei. Prompt bestaunten dann auch alle die in Wirklichkeit gar nicht vorhandenen Kleider, denn keiner wollte sich eine Blöße geben und so die eigene Unfähigkeit eingestehen. Erst ein Kind sagt in seiner Unschuld, dass der Kaiser ja gar keine Kleider trage. Der Märchentitel wird heute bisweilen im Zusammenhang mit enthüllten Eitelkeiten und menschlichen Schwächen verwendet.

18

Antwort 3 ist richtig. Das autobiografische Buch trägt den Untertitel »Meine Reise auf dem Jakobsweg«. Der 1964 geborene Hans-Peter »Hape« Kerkeling beschreibt darin seine Erfahrungen auf der Pilgerreise nach Santiago de Compostela. Das Sachbuch ist angereichert mit persönlichen und philosophischen Überlegungen. Der einprägsame Titel zog zahlreiche Abwandlungen nach sich. Hierbei wird das Adverb »weg« meist durch ein anderes Wort ersetzt.

19

2 ist korrekt. Niemand darf wegen derselben Tat mehrmals verurteilt werden.

20

**3: Der Kommunarde Fritz Teufel musste sich 1967 vor dem Berliner Land-
gericht in Moabit wegen verschiedener Anschuldigungen im Zusammenhang
mit den Protestkundgebungen anlässlich des Schah-Besuchs in Deutschland
verantworten.** Der Aufforderung, Teufel möge sich beim Eintreten des Hohen Ge-
richts von seinem Platz erheben, kam dieser nur zögernd und mit dem spöttischen
Kommentar »Na ja, wenns der Wahrheitsfindung dient« nach. Der Spruch wird
heute gerne zitiert, um damit zum Ausdruck zu bringen, dass man etwas wider-
strebend tun muss, obwohl man es für völlig überflüssig hält.

21

Hilmar Kopper (3) ist richtig. Jürgen Ponto wurde bereits im Sommer 1977 von
RAF-Terroristen ermordet. Jürgen Schneider hatte durchaus indirekt mit dieser
Wortwahl Koppers zu tun. Kopper hatte im Zusammenhang mit den betrügerischen
Machenschaften des Bauunternehmers Schneider die offenen Handwerker-
rechnungen gemessen am Gesamtschaden als »Peanuts« bezeichnet, was Aufsehen
und Empörung erregte. Seither hat das englische Wort in dieser Bedeutung auch in
der deutschen Umgangssprache weite Verbreitung gefunden.

22

Antwort 2 ist richtig. Es handelt sich um Dispositionsfonds, die der parlamen-
tarischen Kontrolle entzogen sind, also um schwarze Kassen. Der Begriff wurde
von Otto von Bismarck, dem preußischen Reichskanzler, geprägt, der 1869 einen
solchen geheimen Fonds bildete, um daraus Aktivitäten gegen – in Bismarcks Worten – »bösartige Reptilien« zu finanzieren. Gemeint war die Bekämpfung oppositio-
neller Strömungen mit publizistischen Mitteln. Heute verwendet man den Ausdruck
gelegentlich auch scherzhaft in Bezug auf jemandes geheime Kassen.

23

2 ist korrekt. Der Ausspruch wird von den unterschiedlichsten Autoren der Antike
und des Mittelalters ursprünglich in dem Wortlaut »unbeschriebene Tafel« verwendet. Die Seele des Menschen wurde beispielsweise von Aristoteles in seiner
Schrift »Über die Seele« mit einer leeren Tafel verglichen. Plutarch soll das Bild der
»unbeschriebenen Tafel« durch das eines »unbeschriebenen Blattes« ersetzt haben.

24

**1 ist die richtige Antwort, denn die beiden kommen in dem Lied nicht zu-
sammen.** 2 und 3 treffen leider zu. Das Volkslied aus dem 19. Jahrhundert erzählt die
traurige Geschichte zweier sich liebender Königskinder, die durch ein tiefes Wasser
voneinander getrennt sind. Der Königssohn ertrinkt bei dem Versuch, nachts über
das Meer zu schwimmen, weil eine »falsche Nonne« die Kerzen ausgeblasen hat,
die ihm zur Orientierung am Ufer leuchten sollten. Am Schluss der Ballade folgt die
Königstochter dem Königssohn in den Tod. Hintergrund ist die antike Sage von Hero
und Leander. Heute wird das Zitat eher scherzhaft verwendet, wenn zwei Personen
oder Institutionen durch widrige Umstände nicht zusammenkommen können.

25

Cäsar (2) ist korrekt. Der lateinische Schriftsteller Sueton behauptet, Julius Cäsar
(100–44 v. Chr.) hätte diesen Satz gesagt, nachdem er den Rubikon, den Grenzfluss
zwischen dem eigentlichen Italien und der damaligen Provinz Gallia cisalpina, über-
schritten hatte. Der Satz wird auch häufig auf Lateinisch zitiert: *Alea iacta est.* Man
bringt dadurch zum Ausdruck, dass eine bestimmte schwerwiegende Entscheidung
gefallen ist. Möglicherweise bezog sich Cäsar aber auf ein griechisches Sprichwort,
das übersetzt »Hochgeworfen sei der Würfel« bedeutet. Dann stünde die Entscheidung erst noch bevor.

26

Helmut Schmidt (1) ist richtig. Der ehemalige Bundeskanzler soll diesen Satz
einmal in einem Interview gesagt haben. Eine »pampige Antwort auf eine dusse-
lige Frage« nannte er ihn 2010 in einem Gespräch mit Giovanni di Lorenzo, dem
Chefredakteur der ZEIT. An das Interview selbst konnte er sich nicht mehr genau
erinnern: »Das muss mindestens 35 Jahre her sein, vielleicht 40.« Gleichwohl steht
das Zitat für seinen trockenen Humor, der ihm den Spitznamen »Schmidt Schnauze«
eingebracht hat.

27

Calgonit (2) ist richtig. Das Zitat ist gleichzeitig Fazit und Slogan eines Werbespots
aus dem Jahr 1993, in dem eine auf einer Spülmaschine sitzende Frau ihren Unmut
darüber auslässt, dass – kurz vor dem Besuch ihres attraktiven Nachbarn – die
Weingläser mit einem weißen Schleier überzogen sind. Die Lösung: das Geschirr-
spülmittel Calgonit. Das Zitat wird heute in unterschiedlichen Kontexten verwendet,
beispielsweise, wenn jemand seinem Liebesglück durch bestimmte Maßnahmen auf
die Sprünge helfen möchte.

28

3 ist korrekt. Die Melodie stammt von dem österreichischen Schlagerkomponisten Walter Jurmann, den Text schrieb sein Landsmann Fritz Rotter. Das Zitat kann scherzhaft den Beginn des Frühlings kommentieren.

29

3 ist korrekt. Der Anfangssatz des Schriftstücks lautet: »Ein Gespenst geht um in Europa – das Gespenst des Kommunismus.« Das von Karl Marx und Friedrich Engels im Auftrag des Bundes der Kommunisten verfasste »Kommunistische Manifest« wurde in London veröffentlicht.

30

Die Variante 1 ist richtig; es geht um die Wahl zwischen »Szylla und Charybdis«, die Odysseus im 12. Gesang der »Odyssee« des griechischen Dichters Homer treffen musste. In der Straße von Messina gelang es Odysseus mit seinem Schiff zwar einem gefährlichen Meeresstrudel, der Charybdis, auszuweichen; doch dem auf einem Felsenriff gegenüber lauernden, sechsköpfigen Seeungeheuer, der Szylla, fielen sechs seiner Seeleute zum Opfer.

31

Antwort 2 ist richtig. Das Stück heißt »Biedermann und die Brandstifter« und karikiert die typischen Verhaltensweisen des Spießers und saturierten Bürgers, dessen feiges, konformistisches Denken blind für das verbrecherische Tun der Brandstifter ist, die deshalb ungehindert zu Werke gehen können. Der Titel wird gerne zitiert, wenn Konformismus und übersteigertes Sicherheitsdenken angeprangert werden soll, wenn das Sankt-Florians-Prinzip so weit getrieben wird, dass dem Brandstifter die Streichhölzer in die Hand gedrückt werden in der Hoffnung, er möge das Haus des Nachbarn statt des eigenen anzünden.

32

2 ist richtig. Potemkin (1739–1791) war Günstling und Berater der russischen Zarin Katharina II. 1783 annektierte er die Halbinsel Krim und forcierte die Kolonisation in Südrussland. Als Katharina 1787 die neu gewonnenen Gebiete bereiste, soll er durch die Errichtung von Fassaden neu erbaute Dörfer vorgetäuscht haben, um den Wohlstand des Landes zu demonstrieren. Historisch verbürgt ist das allerdings nicht. Dennoch steht die Wendung »Potemkinsche Dörfer« heute sprichwörtlich für Vorspiegelungen, für in Wirklichkeit nicht Existierendes.

33

Spiel 1
S.9: MARDER
S.11: DELFIN
S.13: DACKEL
S.15: ELSTER
S.17: WIESEL
S.19: PAVIAN
S.21: SPECHT
S.23: DORSCH
S.26: DAMHIRSCH

Spiel 2
S.29: CHEFIN
S.31: ARBEIT
S.33: STEUER
S.35: TERMIN
S.38: PROFITEUR

Spiel 3
S.41: WARHOL
S.43: TIZIAN
S.45: RENOIR
S.47: BEUYS
S.49: KAHLO
S.52: FEININGER

Spiel 4
S.55: SILBER
S.57: HELIUM
S.59: NICKEL
S.62: MAGNESIUM

Spiel 5
S.65: KIEFER
S.67: BAMBUS
S.69: ENZIAN
S.71: SCHILF
S.74: HASELNUSS

Spiel 6
S.77: KADENZ
S.79: SONATE
S.82: TONLEITER

Spiel 7
S.85: NEAPEL
S.87: DANZIG
S.89: LONDON
S.92: INNSBRUCK

Spiel 8
S.95: KUCHEN
S.97: SALAMI
S.99: KAVIAR
S.102: SPIEGELEI

Spiel 9
S.105: ADVERB
S.107: PLURAL
S.110: NOMINATIV

Spiel 10
S.113: CHOPIN
S.115: MAHLER
S.118: BEETHOVEN

Spiel 11
S.121: KARATE
S.123: AIKIDO
S.125: TENNIS
S.128: EISHOCKEY

Spiel 12
S.131: SAPPHO
S.133: SARTRE
S.135: AUSTEN
S.137: BRECHT
S.140: ZUCKMAYER

Agentur Schwarzburg: 44 Mitte (Stresemann), 46 unten (5- und 7-armiger Leuchter)
Bibliographisches Institut: 47 unten
Bibliographisches Institut, bearbeitet von Kontor Korrekt: 40 oben, 40 Mitte, 41 unten, 41 Mitte, 42 oben, 42 unten, 43 oben, 43 Mitte, 43 unten, 44 oben, 45 oben, 45 Mitte, 45 unten, 46 oben, 46 Mitte, 47 oben, 48 unten, 49 oben, 49 Mitte, 50 oben, 50 Mitte, 51 oben, 51 Mitte, 51 unten, 52 oben
Bibliographisches Institut, bearbeitet von Kontor Korrekt und Agentur Schwarzburg: 40 unten, 46 unten, 48 oben, 50 unten, 52 unten
gemeinfrei: 44 unten
Kontor Korrekt: 41 oben, 44 Mitte, 49 unten
Alle anderen Illustrationen: Julia Depis

Bibliografische Information der Deutschen Nationalbibliothek
Die Deutsche Nationalbibliothek verzeichnet diese Publikation in der Deutschen
Nationalbibliografie; detaillierte bibliografische Daten sind im Internet über
http://dnb.dnb.de abrufbar.

© Duden 2020   D C B A
Bibliographisches Institut GmbH, Mecklenburgische Straße 53, 14197 Berlin

Konzept Gerhard Grubbe
Redaktion Juliane von Laffert
Korrektorat Johannes Sailler
Herstellung Maike Häßler
Layout Julia Depis, Berlin
Satz Dirk Brauns, estra.de, Berlin
Umschlaggestaltung und -abbildung Julia Depis, Berlin
Druck und Bindung AZ Druck und Datentechnik GmbH
Heisinger Straße 16, 87437 Kempten
Printed in Germany

ISBN 978-3-411-74374-2
www.duden.de

Wenn Sie bei unserem *Sprach-Quiz* hin und wieder unsicher waren, finden Sie in den *12 bunten Duden-Bänden* Antworten auf alle Fragen.

Mehr Informationen finden Sie unter www.duden.de